JN111878

初級文法がしっかり身につく！

オール
カラー

基礎から学べる
はじめての
韓国語文法

金孝珍　著

音声ダウンロード＆
QRコード付き

ナツメ社

はじめに

　近年、韓国ドラマやK-POPが世界中で大ブームとなり、それと比例するように、韓国語の学習者も急速に増加しています。日本でも、韓国のエンターテインメントやグルメなどが、以前よりもぐっと身近な存在になっています。本書を手に取ってくださったみなさんの中にも、カルチャーをきっかけに韓国語に興味を持った人も多いのではないでしょうか。

　韓国語は日本語と語順が同じだったり、発音が似ている単語があったりと、日本語話者にとって親しみやすい言語の一つです。一見、記号のように見えるハングルも、子音と母音の文字さえ覚えれば、誰でもかんたんに読み書きができるようになります。

　本書は初めて韓国語の「文法」を学び始める方を対象に、ハングルの基礎からレベルアップの文法まで、4つのステップでポイントをしぼって解説しています。文法

の組み立て方や、例文を参考にしながら、カラフルなイラストとともに楽しく学習を進めていきましょう。もちろん、全ての内容を一度で覚えるのは大変ですから、付録の音声をマネして繰り返し声に出してみたり、実際に例文を作ってみたりと、ご自身のペースで無理なく学習を続けてみましょう。

　文法をマスターしていくにつれて、韓国語でコミュニケーションがとれるようになったり、ドラマの台詞が聞き取れるようになったり、K-POPを歌えるようになったり…と、韓国語を学ぶ楽しさや達成感を味わえるはずです。その感動をいつまでも忘れずに、学習を続けてくださったらと思います。本書がみなさんの韓国語学習に少しでも役に立ち、新しい世界との出会いのきっかけになることを願っています。

金孝珍

本書の特長と使い方

本書は、韓国語能力試験初級（TOPIK
I）レベルを中心に、初級の韓国語
文法を無理なく学べるように構成し
てあります。

Lesson 21

～したい
語幹＋고 싶다

カゴ シプスムニダ「行きたいです」、ノルゴ シポヨ「遊びたいです」のように、「～し
たい」という願望の表現を学びましょう。

～したい

ハムニダ体　買いたいです。
サゴ シプスムニダ
사고 싶습니다.
買い　　したいです

ヘヨ体　食べたいです。
モッコ シポヨ
먹고 싶어요.
食べ　　したいです

動詞の語幹にそのまま고 싶다を
つけて活用します。

サゴ　　コ シプタ
買う ＋ 고 싶다
　　　　～したい
→ 買いたい

「～したいです」という表現は、動詞の語幹に고 싶다をつけて活用させます。
ハムニダ体は고 싶습니다、ヘヨ体は고 싶어요となります。「～したいですか？」と
いう疑問文は、ハムニダ体は고 싶습니까?、ヘヨ体は고 싶어요?と表します。

〔 例文 〕

❶ 歌を歌いたいです。
ノレルル プルゴ シプスムニダ
노래를 부르고 싶습니다.

❷ 何を食べたいですか?
ムォル モッコ シプスムニッカ
뭘 먹고 싶습니까?

❸ 電話番号を知りたいです。
チョヌァボヌル アルゴ シポヨ
전화번호를 알고 싶어요.

❹ どこに行きたいですか?
オディロ カゴ シポヨ
어디로 가고 싶어요?

98　単語帳 歌う 부르다 / 電話番号 전화번호 / 聞く 묻다

このLessonで学ぶ文法
です。例文や文法の作り
方を解説しています。

イラストを見ながら、文法
を楽しく覚えてください。

学んだ文法を使って、表
現できる例文です。

Step1	韓国語の基礎をマスター
Step2	基本の文法をマスター
Step3	応用文法をマスター
Step4	レベルアップ文法をマスター

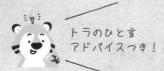

トラのひと言
アドバイスつき！

ミニテスト

ミニテスト Lesson11～16をおさらいしよう

1 下の語句から適切なものを選び下線部に書きましょう。

と 은 가 이 들 을 에 에게

① ここは　　여기
② 父が　　아버지
③ 友達を　　친구
④ 友達に　　친구
⑤ ソウルは　서울
⑥ 教授が　　교수님
⑦ カバンを　가방
⑧ 学校に　　학교

2 下線部に適切な語句を入れて、「名詞＋です（か?）」の表現の
ハムニダ体の文を完成させましょう。

① 父は医者です。
아버지　　　의사
② 職業は会社員です。
직업　　　회사원
③ 明日は休みですか?
내일　　　휴일
④ 彼女は俳優ですか?
그녀　　　배우
⑤ キムチョルスさんは留学生です。
김철수 씨　　유학생
⑥ これはわたしの携帯電話です。
이것　　　내 휴대폰

各Stepに2つずつミ
ニテストを掲載して
います。習った内容
をふり返りながら学
習が進められます。

※発音のルビはあくまで参考です。
　音声を聞いて正しい発音を身に付けましょう。

QRコードから、スマートフォンなどで音声を聞くことができます。
QRコードの下には、トラック番号を表示しています。

文法や例文と一緒に覚えたい助詞なども掲載しています。

すべてのLessonに、復習のための練習問題がついています。

練習

1 日本語に合わせてヘヨ体の文を作りましょう。

❶ 歌を聞きたいです。　듣다（聞く）
⇒노래를 _____

❷ どこに行きたいですか？　가다（行く）
⇒어디로 _____

《 解答 》
1　❶듣고 싶어요 ❷가고 싶어요?

99

音声のダウンロードについて

各ページのQRコードから音声ファイルを聞くほか、ナツメ社ウェブサイト書籍紹介ページのダウンロードボタンからzipファイルのダウンロードも可能です。

https://www.natsume.co.jp/books/15454

音声ファイルはmp3ファイルです。パソコンやmp3対応の音楽プレーヤーにて再生してください。

巻末付録

「覚えておきたい助詞」や「変則活用一覧」、「反切表」を掲載しています。

5

もくじ

Step 1 韓国語の基礎をマスター

Step 3 応用文法をマスター

Step 4 　レベルアップ文法をマスター

・ 巻末付録

韓国語の基礎
をマスター

韓国語の文字や
発音のルールを
おさらいしよう！

ハングルとは

✚ 韓国語の文字「ハングル」

　ハングルとは、韓国語で使われる文字の名前です。かつて、韓国や北朝鮮では、言葉を書き表すのに中国から伝わった漢字が使われていましたが、実際に読み書きできるのは貴族階級の両班や役人など、一部の階層に限られていました。そこで、15世紀中頃、朝鮮王朝第4代王の世宗大王が、学者らと研究して完成させたのがハングル（「訓民正音」）です。ハングルは「偉大なる文字」という意味です。

✚ ハングルは子音と母音の組み合わせ

　ハングルは、ローマ字のように子音と母音の要素を組み合わせて文字が成り立っています。例えば、子音の「ㄱ（k）」と、母音の「ㅏ（a）」を組み合わせると、「가（ka）」になります。また、子音を入れ替えれば、「사（sa）」、「마（ma）」のようにほかの文字も表すことができます。

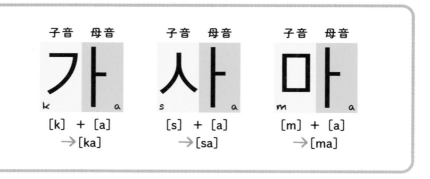

子音　母音	子音　母音	子音　母音
가	사	마
k　　a	s　　a	m　　a
[k] + [a]	[s] + [a]	[m] + [a]
→[ka]	→[sa]	→[ma]

✤ ハングルの組み合わせパターンは4つ

　ハングルの基本の組み合わせパターンは4つあります。「子音＋母音」の組み合わせが左右、または上下に並ぶパターンと、それに「パッチム」という音節末の子音を組み合わせたパターンです。この形をしっかり覚えましょう。

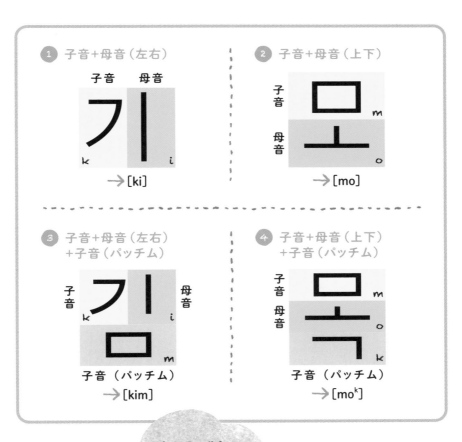

① 子音＋母音（左右）

子音　母音

キ

k　　i

→[ki]

② 子音＋母音（上下）

子音

母音

モ

m

o

→[mo]

③ 子音＋母音（左右）
　＋子音（パッチム）

子音

母音

k　　i

m

子音（パッチム）

→[kim]

④ 子音＋母音（上下）
　＋子音（パッチム）

子音

母音

m

o

k

子音（パッチム）

→[mo^k]

書き順は漢字と
同じように左から右、
上から下の順に
書きます。

🎙 2

母音

✚ 母音は3つの要素からできている

　ハングルの母音は、天「・」、地「—」、人「丨」を表す3つの要素から成り立っています（→P40）。例えば、「丨」の右に「・」がくると「ｱ丨」、「丨」の左に「・」がくると「ｵ丨」になります。このような組み合わせによって、下のように10種類の母音ができます。

ｱ丨	ｬ丨	ｵ丨	ｮ丨	ｵㅗ	ｮㅛ	ｳㅜ	ｭㅠ	ｳ—	ｨ丨

　また、10種類のうち「ｱ丨、ｬ丨、ｵㅗ、ｮㅛ」は陽母音、「ｵ丨、ｮ丨、ｳㅜ、ｭㅠ、ｳ—、ｨ丨」は陰母音として分けられます。この陽母音と陰母音は文法を学ぶ際のポイントになるため、本書では下記のように表記しています。

> 　　　　　陽母音：ｱ丨、ｵㅗ※　　　陰母音：ｱ丨、ｵㅗ 以外

※　本書では「ｬ丨、ｮㅛ」は省略しています（→P40）。

✚ 基本の母音は10個

　韓国語の基本の母音は10個あり、母音だけの発音を書くときは必ず無音の子音「ㅇ」をつけます。それぞれ文字と発音を学びましょう。

母音	発音	発音ポイント
아	ｱ [a]	日本語の「ア」とほぼ同じ音です。口を縦に大きく開いて「ア」と発音します。
야	ｬ [ja]	「아」に横棒が一本加わった形です。日本語の「ヤ」とほぼ同じ音ですが、口を縦に大きく開いて「ヤ」と発音します。

어	オ [ɔ]	「아」のように口を縦に大きく開いて「オ」と発音します。日本語にはない音です。
여	ヨ [jɔ]	「어」に横棒が一本加わった形です。「어」のように口を縦に大きく開いて「ヨ」と発音します。日本語にはない音です。
오	オ [o]	日本語の「オ」とほぼ同じ音です。口を丸くすぼめ、突き出すようにして「オ」と発音します。
요	ヨ [jo]	「오」に縦棒が一本加わった形です。日本語の「ヨ」とほぼ同じ音ですが、口を丸くすぼめ、突き出すようにして「ヨ」と発音します。
우	ウ [u]	日本語の「ウ」とほぼ同じ音です。口を丸くすぼめ、突き出すようにして「ウ」と発音します。
유	ユ [ju]	「우」に縦棒が一本加わった形です。日本語の「ユ」とほぼ同じ音ですが、口を丸くすぼめ、突き出すようにして「ユ」と発音します。
으	ウ [ɯ]	日本語の「イ」を発音するように、口を横に引いて「ウ」と発音します。日本語にはない音です。
이	イ [i]	日本語の「イ」とほぼ同じ音です。口をしっかり横に引いて「イ」と発音します。

単語を発音してみよう

アイ
아이
子ども

ウユ
우유
牛乳

ヨウ
여우
キツネ

オイ
오이
キュウリ

イ
이
歯

イユ
이유
理由

口を大きく開けて
はっきりと発音
してみましょう！

🎙 3

子音

✚ 基本の子音「平音」は10個

　ハングルの子音は全部で19個あり、普通に発音する「平音」、息を強く吐き出す「激音」、息を詰まらせて発音する「濃音」があります。ここでは基本の子音となる平音10個を学びましょう。また、子音は母音の「ア ㅏ」をつけて発音を練習してみましょう。

子音と名称	発音	文字例	発音ポイント
ㄱ キヨク	[k/g]	가 カ / ガ [ka/ga]	日本語の「カ行」の発音です。語中では濁って「ガ行」になります。
ㄴ ニウン	[n]	나 ナ [na]	日本語の「ナ行」の発音です。
ㄷ ティグッ	[t/d]	다 タ / ダ [ta/da]	日本語の「タ行」の発音です。語中では濁って「ダ行」になります。
ㄹ リウル	[r/l]	라 ラ [ra]	日本語の「ラ行」の発音です。パッチム（→P22）のときは「l」の音になります。
ㅁ ミウム	[m]	마 マ [ma]	日本語の「マ行」の発音です。

ㅂ ビウプ	[p/b]	바 バ／バ [pa/ba]	日本語の「パ行」の発音です。語中では濁って「バ行」になります。
ㅅ シオッ	[s/ʃ]	사 サ [sa]	日本語の「サ行」の発音です。
ㅇ イウン	[無音/ŋ]	아 ア [a]	母音と組み合わせると母音の発音になります。パッチム（→P22）のときは「ŋ」の音になります。
ㅈ チウッ	[tʃ/ʤ]	자 チャ／ジャ [tʃa/ʤa]	日本語の「チャ行」の発音です。語中では濁って「ジャ行」になります。
ㅎ ヒウッ	[h]	하 ハ [ha]	日本語の「ハ行」の発音です。

※　書籍によってはㅎを激音に分類しているものもあります。

単語を発音してみよう

カス 가수 歌手	ナラ 나라 国	タリ 다리 脚、橋
クドゥ 구두 靴	モリ 머리 頭	バダ 바다 海
ソリュ 서류 書類	チグ 지구 地球	ハル 하루 一日

音声を聞きながら
発音をマネして
みましょう！

17

激音と濃音

✚ 息を強く吐く子音「激音」は4個

　激音は4個あり、ろうそくの火を揺らすように息を強く吐き出して発音します。なお、激音は語中でも濁音（だくおん）にはなりません。

激音と名称	発音	文字例	発音ポイント
ㅊ チウッ	[tɕʰ]	차 チャ [tɕʰa]	息を強く吐き出すようにして「チャ」と発音します。
ㅋ キウク	[kʰ]	카 カ [kʰa]	息を強く吐き出すようにして「カ」と発音します。
ㅌ ティウッ	[tʰ]	타 タ [tʰa]	息を強く吐き出すようにして「タ」と発音します。
ㅍ ピウプ	[pʰ]	파 パ [pʰa]	息を強く吐き出すようにして「パ」と発音します。

単語を発音してみよう

고추
コチュ
とうがらし　　노트
ノトゥ
ノート　　포도
ポド
ブドウ　　커피
コピ
コーヒー

✛ 息を詰まらせる子音「濃音」は5個

　濃音は5個あり、息をほとんど吐き出さずに発音しま
す。日本語の促音「っ」を発音した後のように、息を詰
まらせて発音しましょう。また、濃音も平音と異なり語
中でも濁音にはなりません。

濃音と名称	発音	文字例	発音ポイント
ㄲ サンギヨク	[ˀk]	까 ッカ [ˀka]	「しっかり」の「か」を発音するときのように、息を溜めて「ッカ」と発音します。
ㄸ サンディグッ	[ˀt]	따 ッタ [ˀta]	「やった」の「た」を発音するときのように、息を溜めて「ッタ」と発音します。
ㅃ サンビウプ	[ˀp]	빠 ッパ [ˀpa]	「やっぱり」の「ぱ」を発音するときのように、息を溜めて「ッパ」と発音します。
ㅆ サンシオッ	[ˀs/ˀʃ]	싸 ッサ [ˀsa]	「あっさり」の「さ」を発音するときのように、息を溜めて「ッサ」と発音します。
ㅉ サンジウッ	[ˀtʃ]	짜 ッチャ [ˀtʃa]	「まっちゃ（抹茶）」の「ちゃ」を発音するときのように、息を溜めて「ッチャ」と発音します。

単語を発音してみよう

ッカ **아까** さっき	アッパ **아빠** パパ	ッサダ **싸다** 安い	ッチゲ **찌개** チゲ

※　本書では濃音の発音には「ッ」をつけています。

🎤5

複合母音

✚ 基本の母音を組み合わせた「複合母音」

　ハングルには、基本の母音（→P14）を2つ以上組み合わせた複合母音が11個あります。どの要素が組み合わさっているのか、しくみを確認してみましょう。また、書くときは必ず無音の子音「ㅇ」をつけます。

複合母音	発音	組み合わせ	発音ポイント
애	エ [ɛ]	ㅏ + ㅣ	日本語の「エ」よりも口を大きく開けて発音します。
얘	イェ [jɛ]	ㅑ + ㅣ	口を大きく開けて「イェ」と発音します。
에	エ [e]	ㅓ + ㅣ	日本語の「エ」と同じように発音します。「애」とほとんど同じ音です。
예	イェ [je] ※1	ㅕ + ㅣ	日本語の「イェ」と同じように発音します。「얘」とほとんど同じ音です。
와	ワ [wa]	ㅗ + ㅏ	日本語の「ワ」と同じように発音します。
왜	ウェ [wɛ]	ㅗ + ㅐ	口を丸くすぼめてから大きく開けて「ウェ」と発音します。

외	ウェ [we]	ㅗ + ㅣ	口を丸くすぼめてから「ウェ」と発音します。「왜」とほとんど同じ音です。
워	ウォ [wɔ]	ㅜ + ㅓ	日本語の「ウォ」と同じように発音します。
웨	ウェ [we]	ㅜ + ㅔ	口を丸くすぼめてから「ウェ」と発音します。「왜」「외」とほとんど同じ音です。
위	ウィ [wi]	ㅜ + ㅣ	口を丸くすぼめてから「ウィ」と発音します。
의	ウイ [ɰi] ※2	― + ㅣ	口を左右に引いて「ウイ」と発音します。

※1　예は「ㅇ」以外の子音と組み合わせると「エ」と発音します。（例）시계　時計

※2　의は語中では「イ」、助詞「～の」の場合は「エ」と発音します。
　　（例）주의　注意／우리의 지구　私たちの地球

単語を発音してみよう

ヘウェ
해외
海外

モレ
모레
あさって

トゥェジ
돼지
豚

チュイミ
취미
趣味

サグァ
사과
リンゴ

ヤチェ
야채
野菜

やや大げさに発音してみましょう！

🎤6

パッチム

✚ 子音と母音を支える「パッチム」

　ハングルは「子音＋母音」の下に、さらに子音がくっついて「子音＋母音＋子音」の形になるパターンもあります。この音節末の子音をパッチムといい、「支えるもの」という意味があります。

子音（パッチム）
→[kim]

✚ パッチムの発音は7種類

　パッチムとなる子音はさまざまありますが、発音は基本的に以下の7通りです。パッチムの発音は通常の子音の発音と異なるため、繰り返し発音を練習しながら覚えていきましょう。

	パッチム	発音	発音ポイント
鼻音	ㄴ	ㄴ [n]	「サンタ」と発音するときの「サン」で止めた音です。舌先を上の歯の内側につけて、鼻に響くように発音します。
	ㅁ	ㅁ [m]	「さんまい（三枚）」と発音するときの「サン」で止めた音です。唇を閉じて、鼻に響くように発音します。
	ㅇ	ㅇ [ŋ]	「リンゴ」と発音するときの「リン」で止めた音です。舌先を後ろに引っ込めて、鼻に響くように発音します。
流音	ㄹ	ㄹ [l]	英語の「l」を発音するときよりも、舌先を後ろに引いて発音します。日本語にはない音です。

閉鎖音	ㄱ、ㅋ、ㄲ	ㄱ [ᵏ]	「まっか（真っ赤）」と発音するときの「マッ」で止めた音です。舌の根元を上あごにつけて、息の流れをふさぐように発音します。
	ㄷ、ㅌ、ㅅ、ㅆ、ㅈ、ㅊ、ㅎ	ㄷ [ᵗ]	「やった」と発音するときの「ヤッ」で止めた音です。舌先を歯と歯茎にぴったりつけて発音します。
	ㅂ、ㅍ	ㅂ [ᵖ]	「さっぱり」と発音するときの「サッ」で止めた音です。唇を閉じて、息を止めるように発音します。

✚ 二重パッチムはどちらか片方を発音

「앉다（座る）」の「ㄵ」のように、2つの子音を組み合わせたパッチムを二重パッチムといいます。二重パッチムは全部で11個あり、基本的に左側の子音を発音します。ただし、例外があったり、後ろにつづく文字によって両方読む場合もあるので、少しずつ覚えていきましょう。

ㄱㅅ、ㄴㅈ、ㄴㅎ、ㄹㅂ、ㄹㅅ、ㄹㅌ、ㄹㅎ、ㅂㅅ、ㄹㄱ、ㄹㅁ、ㄹㅍ

単語を発音してみよう

サン 산 山　ボム 봄 春　カン 강 川

ムル 물 水　クク 국 スープ　ブオク 부엌 台所

マッ 맛 味　ナッ 낮 昼　パブ 밥 ごはん

何度も発音しながらパッチムに慣れていきましょう！

23

🎤7

発音のルール

✚ ハングルの発音ルールを覚えよう

　ハングルは、語中で音が変化したり、隣り合う文字によって発音が変化する場合があります。初めは難しく感じるかもしれませんが、繰り返し発音しながら徐々に慣れていきましょう。

① 有声音化
ゆう せい おん か

　（1）有声音化とは音が濁音化されることです。子音「ㄱ、ㄷ、ㅂ、ㅈ」は語頭では［k］［t］［p］［tʃ］と発音されますが、母音に挟まれると音が濁って［g］［d］［b］［dʒ］と発音されます。

　（2）前にパッチム「ㄴ、ㄹ、ㅁ、ㅇ」がある場合も「ㄱ、ㄷ、ㅂ、ㅈ」は音が濁ります。語中（2文字目以降）は音が濁ると覚えておきましょう。

②連音化

パッチムの後に母音が続くと、パッチムは母音と結びついて発音されます。これを連音化といいます。さらに、平音は有声音化されて音が濁ります。二重パッチムの場合は、2つとも発音します。パッチム「ㅇ」は、連音化されないため注意しましょう。

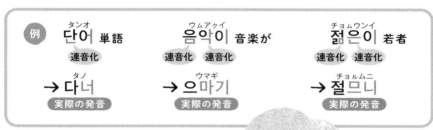

例

タノオ
단어 単語
連音化

→ 다너
実際の発音
タノ

ウムアクイ
음악이 音楽が
連音化　連音化

→ 으마기
実際の発音
ウマギ

チョムウンイ
젊은이 若者
連音化　連音化

→ 절므니
実際の発音
チョルムニ

> 実際に声に
> 出して発音して
> みましょう!

③激音化

[k] [t] [p] で発音するパッチムの後に子音「ㅎ」が続くと、それぞれ激音の「ㅋ、ㅌ、ㅍ」に変化して発音されます(ただし、「ㅈ」の場合は「ㅊ」になる)。なお、子音「ㅎ」と「ㄱ、ㄷ、ㅂ」が隣り合う場合も、それぞれ激音「ㅋ、ㅌ、ㅍ」に変化して発音されます。

パッチムの発音		子音		発音の変化
k、t、p	**+**	ㅎ	**→**	ㅋ、ㅌ、ㅍ

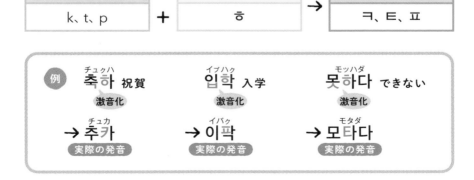

例

チュクハ
축하 祝賀
激音化

→ 추카
実際の発音
チュカ

イブハク
입학 入学
激音化

→ 이팍
実際の発音
イパク

モッハダ
못하다 できない
激音化

→ 모타다
実際の発音
モタダ

④濃音化
<ruby>濃<rt>のう</rt></ruby><ruby>音<rt>おん</rt></ruby><ruby>化<rt>か</rt></ruby>

（1）［k］［t］［p］で発音するパッチムの後に子音「ㄱ、ㄷ、ㅂ、ㅅ、ㅈ」が
続くと、それぞれ濃音の「ㄲ、ㄸ、ㅃ、ㅆ、ㅉ」に変化して発音されます。

パッチムの発音		子音		発音の変化
k、t、p	+	ㄱ、ㄷ、ㅂ、ㅅ、ㅈ	→	ㄲ、ㄸ、ㅃ、ㅆ、ㅉ

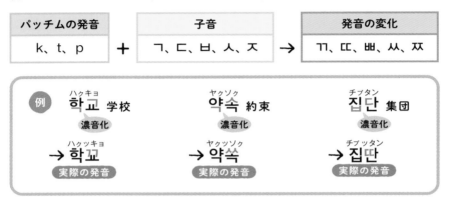

例
ハクキョ
학교 学校
濃音化
→ 학꾜
ハクッキョ
実際の発音

ヤクソク
약속 約束
濃音化
→ 약쏙
ヤクッソク
実際の発音

チプタン
집단 集団
濃音化
→ 집딴
チプッタン
実際の発音

（2）漢字語（→P31）で「ㄹ」パッチムの後に子音「ㄷ、ㅅ、ㅈ」が続くと、
それぞれ濃音の「ㄸ、ㅆ、ㅉ」に変化して発音されるものがあります。

パッチム		子音		発音の変化
ㄹ	+	ㄷ、ㅅ、ㅈ	→	ㄸ、ㅆ、ㅉ

例
チョルド
철도 鉄道
濃音化
→ 철또
チョルットゥ
実際の発音

イルサン
일상 日常
濃音化
→ 일쌍
イルッサン
実際の発音

イルジョン
일정 日程
濃音化
→ 일쩡
イルッチョン
実際の発音

濃音の発音に
注意しましょう！

⑤鼻音化
<small>び おん か</small>

（1）［k］［t］［p］で発音するパッチムの後に子音「ㄴ、ㅁ」が続くと、［k］は「ㅇ」、［t］は「ㄴ」、［p］は「ㅁ」に変化して発音されます。これを鼻音化といいます。

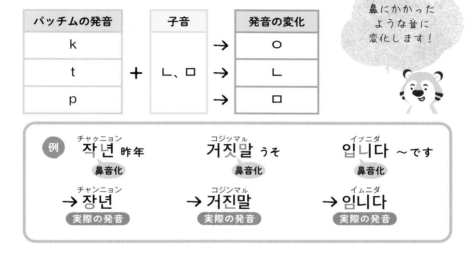

パッチムの発音	子音	発音の変化
k		ㅇ
t	ㄴ、ㅁ	ㄴ
p		ㅁ

鼻にかかった
ような音に
変化します！

例
チャクニョン
작년 昨年
鼻音化
チャンニョン
→ 장년
実際の発音

コジッマル
거짓말 うそ
鼻音化
コジンマル
→ 거진말
実際の発音

イプニダ
입니다 〜です
鼻音化
イムニダ
→ 임니다
実際の発音

（2）パッチム「ㅁ、ㅇ」の後に子音「ㄹ」が続くと、「ㄹ」は「ㄴ」に変化して発音されます。また、［k］［t］［p］で発音するパッチムの後に子音「ㄹ」が続くと、パッチム［k］は「ㅇ」、［t］は「ㄴ」、［p］は「ㅁ」に変化し、さらに「ㄹ」は「ㄴ」に変化して発音されます。

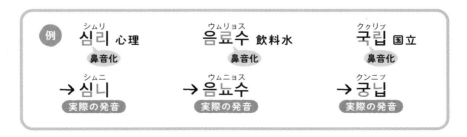

例
シムリ
심리 心理
鼻音化
シムニ
→ 심니
実際の発音

ウムリョス
음료수 飲料水
鼻音化
ウムニョス
→ 음뇨수
実際の発音

ククリプ
국립 国立
鼻音化
クンニプ
→ 궁닙
実際の発音

⑥流音化

　　パッチム「ㄹ」の後に「ㄴ」が続く場合と、パッチム「ㄴ」の後に「ㄹ」が続く場合は、それぞれ「ㄹ＋ㄹ」に変化して発音されます。これを流音化といいます。

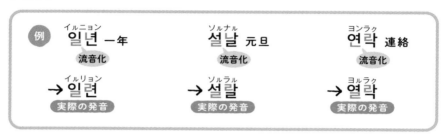

例
　イルニョン
　일년 一年
　　流音化
　イルリョン
→ 일련
　実際の発音

　ソルナル
　설날 元旦
　　流音化
　ソルラル
→ 설랄
　実際の発音

　ヨンラク
　연락 連絡
　　流音化
　ヨルラク
→ 열락
　実際の発音

⑦「ㅎ」の弱音化

　　パッチム「ㄴ、ㄹ、ㅁ、ㅇ」の後に子音「ㅎ」が続く場合、「ㅎ」を弱く発音する場合があります。これを「ㅎ」の弱音化といいます。また、パッチム「ㅎ」の後に母音が続く場合、「ㅎ」の音はほとんど発音しません。ただし、個人差があったり、話すスピードによって弱音化が起こらない場合もあります。

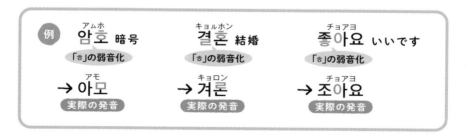

例
　アムホ
　암호 暗号
　「ㅎ」の弱音化
　アモ
→ 아모
　実際の発音

　キョルホン
　결혼 結婚
　「ㅎ」の弱音化
　キョロン
→ 겨론
　実際の発音

　チョアヨ
　좋아요 いいです
　「ㅎ」の弱音化
　チョアヨ
→ 조아요
　実際の発音

発音しながら
音の変化を
確認して
みましょう！

⑧口蓋音化
こう がい おん か

パッチム「ㄷ、ㅌ」の後に「이」が続くと、「ㄷ」は「ㅈ」、「ㅌ」は「ㅊ」に変わり、連音化されて「지」「치」と発音されます。これを口蓋音化といいます。

⑨「ㄴ」の挿入

日本 料理「日本料理」のような合成単語で、パッチムの後に母音の「야、여、요、유、이」が続くと、「ㄴ」を挿入して発音することがあります。また、挿入後に鼻音化や流音化する場合もあります。

前の単語の パッチム		後ろの単語の母音		発音の変化
	＋	야、여、요、유、이	→	냐、녀、뇨、뉴、니

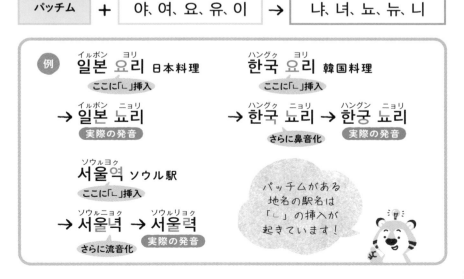

韓国語の特徴

✚ 韓国語と日本語は共通点が多い

韓国語は語順や文の作り方、単語などが日本語と似ているため、日本語話者にとって学びやすい言語です。どんな共通点があるか見てみましょう。

①語順がほぼ同じ

韓国語は日本語のように「主語・目的語・述語」の順で構成されています。一部異なる場合もありますが、ほとんど日本語と同じ並び順です。

日本語	私は	食堂で	ごはんを	食べます。
韓国語	チョヌン 저는 私は	シクタンエソ 식당에서 食堂で	パブル 밥을 ごはんを	モクスムニダ 먹습니다. 食べます。

②助詞を使う

韓国語も日本語の「て、に、を、は」のように助詞があり、日本語と同じように名詞の後に入ります。なお、韓国語は単語ごとに1マス空けて書くルールがありますが、助詞は必ず前の単語につけて書きます。これを「分かち書き」と言います。

アボジヌン 아버지는 父は	カメラロ 카메라로 カメラで	サジヌル 사진을 写真を	ッチクスムニダ 찍습니다. 撮ります。

③ 漢字語が多い

/////////////////////

　韓国語は、単語の7割は漢字が由来の「漢字語」です。漢字の読み方を理解していると、単語を覚えやすくなります。また、「家族」や「約束」のように、日本語と発音が似ている単語も多くあります。

サフェ **사회** 社会	フェサ **회사** 会社	カジョク **가족** 家族	ヤクソク **약속** 約束

④ 丁寧語やくだけた表現がある

/////////////////////////////////

　韓国語は、フォーマルな場や初対面の相手に対して使う丁寧語から、親しい間柄で使うタメ口のような表現まで、主に3つの文体があります。また、日本語と同じように尊敬語や謙譲語も使われます。

● **ハムニダ体**：かしこまった場面で使う丁寧な表現

チュカハムニダ
축하합니다.
おめでとうございます。

ミアナムニダ
미안합니다.
すみません。

● **ヘヨ体**：ハムニダ体よりもやわらかい丁寧な表現

チュカヘヨ
축하해요.
おめでとうございます。

ミアネヨ
미안해요.
すみません。

● **ヘ体（パンマル）**：親しい間柄で使うくだけた表現

チュカヘ
축하해.
おめでとう。

ミアネ
미안해.
ごめん。

状況や話し相手に
合わせて
使い分けます！

用言の活用と語幹の種類

✤ 韓国語にも用言の活用がある

　韓国語と日本語のもう一つの共通点として、用言の活用があります。用言とは、動詞・形容詞などの総称で、活用とは語尾の形を変化させることです。例えば、「行く」という動詞が「行きます」→「行きました」→「行きたいです」と変化するように、韓国語も用言を活用して用います。

> 日本語　**行く　→　行きます　→　行きました　→　　行きたいです**
>
> 韓国語　<ruby>가다<rt>カダ</rt></ruby> → <ruby>갑니다<rt>カムニダ</rt></ruby> → <ruby>갔습니다<rt>カッスムニダ</rt></ruby> → <ruby>가고<rt>カゴ</rt></ruby> <ruby>싶습니다<rt>シプスムニダ</rt></ruby>

✤ 韓国語の用言と語幹

　韓国語の主な品詞には、動詞・形容詞・名詞のほかに、「〜だ、〜ではない」を表す指定詞と、人や物の存在を表す存在詞の5つがあります。この指定詞と存在詞も用言に含まれ、活用されます。また、韓国語の用言の原形は全て「〜다」の形をしています。原形から「다」をとった形を「語幹」といい、そこに語尾をつけて活用します。

用言	原形	語幹
動詞	<ruby>가다<rt>カダ</rt></ruby>　行く	<ruby>가<rt>カ</rt></ruby>
形容詞	<ruby>예쁘다<rt>イェップダ</rt></ruby>　きれいだ	<ruby>예쁘<rt>イェップ</rt></ruby>
指定詞	<ruby>이다<rt>イダ</rt></ruby>　〜だ	<ruby>이<rt>イ</rt></ruby>
存在詞	<ruby>있다<rt>イッタ</rt></ruby>　ある・いる	<ruby>있<rt>イッ</rt></ruby>

> 語幹は韓国語の
> 文法の大事な
> ポイントです！

✚ 語幹の種類と母音

用言を活用する際、語幹のパッチムの有無や、語幹末の母音が陽母音か陰母音（→P14）かによって接続する語尾が異なります。

原形	語幹	語幹の種類	語幹末の母音と用言
보다 _{ボダ} 見る	보 _ボ	パッチムなし（母音語幹）	陽母音語幹用言（ㅏ、ㅗ）
먹다 _{モクタ} 食べる	먹 _{モク}	パッチムあり（子音語幹）	陰母音語幹用言（ㅏ、ㅗ以外）
놀다 _{ノルダ} 遊ぶ	놀 _{ノル}	ㄹパッチム（ㄹ語幹）	陽母音語幹用言（ㅏ、ㅗ）
일하다 _{イラダ} 働く	일하 _{イラ}	※하다「する」と하다がついた用言を하다用言とします。

✚ 活用パターンは3つ

用言の活用パターンは、語幹にそのまま続く「そのまま型」、パッチムの有無によって形が変わる「パッチム型」、母音の種類によって変わる「母音型」の3つに分けられます。それぞれ活用の例を確認してみましょう。

---

❶そのまま型：語幹にそのまま語尾をつける

가다 _{カダ}　가 _カ ＋ 고 _ゴ → 가고 _{カゴ}
行く　（語幹）（語尾）　　行って

❷パッチム型：語幹にパッチムがあれば으を伴った語尾をつける

・パッチムなし：면（〜れば）をつける

보다 _{ボダ}　보 _ボ ＋ 면 _{ミョン} → 보면 _{ボミョン}
見る　（語幹）（語尾）　見れば

・パッチムあり：으면（〜れば）をつける

먹다 _{モクタ}　먹 _{モク}＋으면 _{ウミョン} → 먹으면 _{モグミョン}
食べる　（語幹）（語尾）　食べれば

❸母音型：語幹末の母音が陽母音の場合は아、陰母音の場合は어を伴った語尾をつける

・陽母音：아요（〜ます）をつける

살다 _{サルダ}　살＋아요 _{サル アヨ} → 살아요 _{サラヨ}
暮らす　（語幹）（語尾）　暮らします

・陰母音：어요（〜ます）をつける

입다 _{イプタ}　입＋어요 _{イブ オヨ} → 입어요 _{イボヨ}
着る　（語幹）（語尾）　着ます

変則活用

✚ 変則活用を覚えよう

Lesson9で用言の活用パターンを紹介しましたが、一部例外のパターンもあります。ここでは主な変則活用のルールを6つ紹介します。

※ㄹ語幹の用言の活用についてはStep 2〜4でその都度解説しています。

① ㄹ変則活用

語幹が「르」で終わる一部の動詞や形容詞は、母音型（아/어）の語尾をつけると、「르」と母音の「아/어」が「ㄹ라/ㄹ러」になります。これをㄹ変則活用と言います。

● 르の前の母音が陽母音の場合：르と아요がㄹ라요になる

作り方　모르다 知らない

모르 ＋ 아요 → 몰라요
ㄹ라になる　　　　　知りません

● 르の前の母音が陰母音の場合：르と어요がㄹ러요になる

作り方　누르다 押す

누르 ＋ 어요 → 눌러요
ㄹ러になる　　　　　押します

르が2つになって
ㄹ라 / ㄹ러
となります！

---

②으変則活用

語幹の最後の母音が「ウ」の動詞や形容詞に、母音型（ア/オ）の語尾をつけると、「ウ」が脱落します。これを으変則活用と言います。語幹が一文字の場合は必ず「オ」を伴った語尾をつけるので注意しましょう。

● ウ の前の母音が陽母音の場合 ： ウ が脱落して アヨ をつける

　作り方　 ナップダ **나쁘다** 悪い

ナップ オ **나쁘** ＋ アヨ **아요** → ナッパヨ **나빠**요

　ウが脱落　

悪いです

● ウ の前の母音が陰母音の場合 ： ウ が脱落して オヨ をつける

　作り方　 キップダ **기쁘다** うれしい

キップ **기쁘** ＋ オヨ **어요** → キッポヨ **기뻐**요

　ウが脱落　

うれしいです

● 語幹が一文字の場合 ： ウ が脱落して オヨ をつける

　作り方　 クダ **크다** 大きい

ク **크** ＋ オヨ **어요** → コヨ **커**요

　ウが脱落　

大きいです

語幹末が「ル」の
場合は「르変則活用」
（→P34）になるものが
ほとんどです！

③ ㄷ変則活用

　語幹がパッチム「ㄷ」で終わる一部の動詞に、母音型（아/어）や、パッチム型（(으)면）の語尾をつけると、「ㄷ」パッチムが「ㄹ」になります。これをㄷ変則活用と言います。

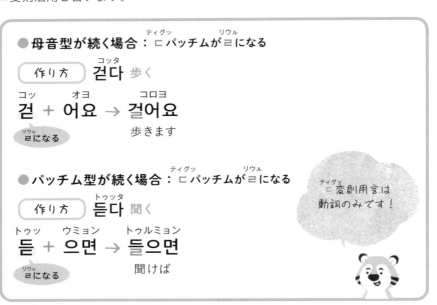

●母音型が続く場合：ㄷパッチムが ㄹ になる

作り方　걷다　歩く

コッ　　オヨ　　　　コロヨ
걷 ＋ 어요 → 걸어요
ㄹになる　　　歩きます

●パッチム型が続く場合：ㄷパッチムが ㄹ になる

作り方　듣다　聞く

トゥッ　ウミョン　　トゥルミョン
듣 ＋ 으면 → 들으면
ㄹになる　　　聞けば

ㄷ変則用言は動詞のみです！

ㄷ変則活用する主な動詞を確認しましょう。

原形	아/어요　ます・です	(으)면　〜れば
묻다　尋ねる	물어요　尋ねます	물으면　尋ねれば
싣다　載せる	실어요　載せます	실으면　載せれば
깨닫다　悟る	깨달아요　悟ります	깨달으면　悟れば
눋다　焦げる	눌어요　焦げます	눌으면　焦げれば
듣다　聞く	들어요　聞きます	들으면　聞けば

④ ㅂ_{ビウプ}変則活用

　語幹がパッチム「ㅂ_{ビウプ}」で終わる一部の動詞や形容詞の大部分に、母音型（아/어）や、パッチム型（(으)면）の語尾をつけると、「ㅂ_{ビウプ}」が脱落して母音型は「아/어」が「워」に、パッチム型は「으」が「우」になります。これをㅂ変則活用と言います。

● **母音型が続く場合**：ㅂ_{ビウプ}が脱落して_オ어が_{ウォ}워になる

作り方　무겁다_{ムゴプタ}　重い

무겁_{ムゴプ} ＋ 어요_{オヨ} → 무거워요_{ムゴウォヨ}

ㅂが脱落　워になる　　重いです

ㅂ_{ビウプ}の脱落後は陽母音でも_{ウォ}워をつけます。

● **パッチム型が続く場合**：ㅂ_{ビウプ}が脱落して_ウ으が_ウ우になる

作り方　맵다_{メプタ}　辛い

맵_{メプ} ＋ 으면_{ウミョン} → 매우면_{メウミョン}

ㅂが脱落　우になる　　辛ければ

ㅂ_{ビウプ}変則活用する主な用言を確認しましょう。

原形	아/어요　ます・です	(으)면　〜れば
덥다_{トプタ}　暑い	더워요_{トウォヨ}　暑いです	더우면_{トウミョン}　暑ければ
어렵다_{オリョプタ}　難しい	어려워요_{オリョウォヨ}　難しいです	어려우면_{オリョウミョン}　難しければ
아깝다_{アッカプタ}　惜しい	아까워요_{アッカウォヨ}　惜しいです	아까우면_{アッカウミョン}　惜しければ
돕다_{トプタ}　手伝う	※도와요_{トワヨ}　手伝います	도우면_{トウミョン}　手伝えば

※돕다_{トプタ}「手伝う」、곱다_{コプタ}「美しい」だけは母音型が続く場合ㅂ_{ビウプ}が脱落した後に와_ワが続きます。

⑤人^{シオッ}変則活用

語幹がパッチム「人^{シオッ}」で終わる一部の動詞や形容詞に母音型（아/어^{ア オ}）や、パッチム型（(으)면^{ウ ミョン}）の語尾をつけると、パッチム「人^{シオッ}」が脱落します。これを人^{シオッ}変則活用と言います。

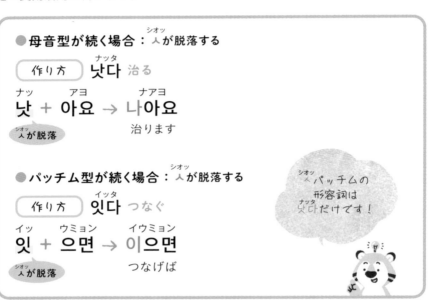

●母音型が続く場合：人^{シオッ}が脱落する

作り方　낫^{ナッタ}다 治る

낫^{ナッ} + 아요^{アヨ} → 나아요^{ナアヨ}
人^{シオッ}が脱落　　　　　　治ります

●パッチム型が続く場合：人^{シオッ}が脱落する

作り方　잇^{イッタ}다 つなぐ

잇^{イッ} + 으면^{ウミョン} → 이으면^{イウミョン}
人^{シオッ}が脱落　　　　　　つなげば

人^{シオッ}パッチムの形容詞は낫^{ナッタ}다だけです！

人^{シオッ}変則活用する主な用言を確認しましょう。낫^{ナッタ}다には動詞（「治る」）と形容詞（「マシだ」）がありますが、どちらも変則活用します。

原形	아/어요^{ア オ} ます・です	(으)면^{ウ ミョン} ～れば
낫^{ナッタ}다 治る	나아요^{ナアヨ} 治ります	나으면^{ナウミョン} 治れば
짓^{チッタ}다 建てる	지어요^{チオヨ} 建てます	지으면^{チウミョン} 建てれば

人^{シオッ}変則の場合、나아요^{ナアヨ}が나요^{ナヨ}に縮約されることはありません！

⑥ ㅎ<ruby>ヒウッ</ruby>変則活用

　語幹がパッチム「ㅎ<ruby>ヒウッ</ruby>」で終わる좋다<ruby>チョタ</ruby>以外の形容詞に、母音型（아<ruby>ア</ruby>/어<ruby>オ</ruby>）や、パッチム型（(으)면<ruby>ウ ミョン</ruby>）の語尾をつけると、母音型は語幹末の母音とパッチム「ㅎ<ruby>ヒウッ</ruby>」が脱落し、続く「아<ruby>ア</ruby>/어<ruby>オ</ruby>」が「ㅐ<ruby>エ</ruby>」に変わったりします。パッチム型はパッチム「ㅎ<ruby>ヒウッ</ruby>」と「으<ruby>ウ</ruby>」が脱落します。これをㅎ<ruby>ヒウッ</ruby>変則活用と言います。

●**母音型が続く場合**：ㅎ<ruby>ヒウッ</ruby>と어<ruby>オ</ruby>が脱落して最後の母音がㅐ<ruby>エ</ruby>になる

作り方　그렇다<ruby>クロッタ</ruby>　そうだ

그렇<ruby>クロッ</ruby> ＋ 어요<ruby>オヨ</ruby> → 그래요<ruby>クレヨ</ruby>

어<ruby>オ</ruby>とㅎ<ruby>ヒウッ</ruby>が脱落　　ㅐ<ruby>エ</ruby>になる　　そうです

●**パッチム型が続く場合**：ㅎ<ruby>ヒウッ</ruby>と으<ruby>ウ</ruby>が脱落する

作り方　빨갛다<ruby>ツバルガッタ</ruby>　赤い

빨갛<ruby>ツバルガッ</ruby> ＋ 으면<ruby>ウミョン</ruby> → 빨가면<ruby>ツバルガミョン</ruby>

ㅎ<ruby>ヒウッ</ruby>が脱落　　으<ruby>ウ</ruby>が脱落　　赤いなら

ㅎ<ruby>ヒウッ</ruby>変則の用言は形容詞だけです！

ㅎ<ruby>ヒウッ</ruby>変則活用する主な形容詞を確認しましょう。

原形	아<ruby>ア</ruby>/어요<ruby>オヨ</ruby>　ます・です	(으<ruby>ウ</ruby>)면<ruby>ミョン</ruby>　〜れば
이렇다<ruby>イロッタ</ruby>　こうだ	이래요<ruby>イレヨ</ruby>　こうです	이러면<ruby>イロミョン</ruby>　こうなら
저렇다<ruby>チョロッタ</ruby>　ああだ	저래요<ruby>チョレヨ</ruby>　ああです	저러면<ruby>チョロミョン</ruby>　ああなら
파랗다<ruby>パラッタ</ruby>　青い	파래요<ruby>パレヨ</ruby>　青いです	파라면<ruby>パラミョン</ruby>　青いなら
하얗다<ruby>ハヤッタ</ruby>　白い	※하얘요<ruby>ハエヨ</ruby>　白いです	하야면<ruby>ハヤミョン</ruby>　白いなら

※하얗다<ruby>ハヤッタ</ruby>「白い」は語幹の母音がㅐ<ruby>エ</ruby>ではなくㅒ<ruby>イェ</ruby>に変わります。

陽母音と陰母音の成り立ち

 🎤11

Lesson2（→P14）でも紹介したように、韓国語の母音は、天「・」、地「ー」、人「ㅣ」の３つの要素から成り立っています。「天」は太陽、「地」は大地、「人」は人間を表しており、太陽が昇る東側が「陽」、太陽が沈む西側が「陰」となります。そして、太陽「・」が陽側にある母音を「陽母音」、陰側にある母音を「陰母音」と言います。なお、「ㅣ」は「中性母音」ですが「陰母音」のグループに含まれます。

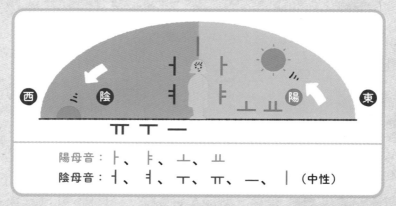

陽母音：ㅏ、ㅑ、ㅗ、ㅛ
陰母音：ㅓ、ㅕ、ㅜ、ㅠ、ー、ㅣ（中性）

語幹末が「ㅑ、ㅛ」の用言はほとんどないため、本書の文法解説では陽母音を「ㅏ、ㅗ」、陰母音を「ㅏ、ㅗ以外」と表記しています。また、「ㅐ」以外の複合母音（→P20）も用言の活用においてはすべて陰母音となります。下の表で、陽母音と陰母音の用言を確認してみましょう。

陽母音		陰母音	
行く	来る	立つ	点ける
カダ 가다	オダ 오다	ソダ 서다	キョダ 켜다
もらう	見る	飲む	あげる
パッタ 받다	ポダ 보다	マシダ 마시다	チュダ 주다
暮らす、生きる	高い	おいしい	おもしろい
サルダ 살다	ノプタ 높다	マシッタ 맛있다	チェミイッタ 재미있다

40

基本の文法を
マスター

まずは基礎的な
文法を学習しよう！

🎙12

〜です
名詞+입니다（예요/이에요）
　　　　　イムニダ　　　　　エヨ　　イエヨ

　日本語の「〜です」にあたる基本の表現です。フォーマルな表現のハムニダ体と、やわらかい表現のヘヨ体のそれぞれの形を学びましょう。

〜です（ハムニダ体）

大学生です。
テハクセンイムニダ
대학생입니다.
大学生　　です

大学生ですか？
テハクセンイムニッカ
대학생입니까？
大学生　　ですか

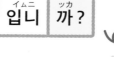

ハムニダ体は<ruby>다<rt>ダ</rt></ruby>をとって<ruby>까<rt>ッカ</rt></ruby>？に変えるだけで疑問文になります！

| <ruby>입니<rt>イムニ</rt></ruby> | <ruby>까<rt>ッカ</rt></ruby>？ |

<ruby>다<rt>ダ</rt></ruby>

　ハムニダ体では名詞のあとに<ruby>입니다<rt>イムニダ</rt></ruby>をつけて表します。<ruby>다<rt>ダ</rt></ruby>を<ruby>까<rt>ッカ</rt></ruby>？に変えると「〜ですか？」という疑問文になります。ハムニダ体の疑問文は、基本的に-<ruby>까<rt>ッカ</rt></ruby>？の形になることを覚えておきましょう。

【 例 文 】

❶ 教師です。
キョサイムニダ
교사입니다.

❷ 私は会社員です。
チョヌン　　フェサウォニムニダ
저는 **회사원**입니다.

❸ 田中さんですか？
タナカ　　ッシイムニッカ
다나카 씨입니까？

❹ 今日は金曜日ですか？
オヌルン　　クミョイリムニッカ
오늘은 **금요일**입니까？

※ 本書では저を「私」（謙譲語）と、나を「わたし」として区別しています。

単語帳
教師　キョサ　　　私　チョ　　　会社員　フェサウォン　　今日　オヌル　　金曜日　クミョイル　　お母さん　オモニ　　主婦
교사 / 私 저 / 会社員 회사원 / 今日 오늘 / 金曜日 금요일 / お母さん 어머니 / 主婦
主婦　チュブ　　カバン　カバン　　趣味　チュイミ　　読書　トクソ　　留学生　ユハクセン
주부 / カバン 가방 / 趣味 취미 / 読書 독서 / 留学生 유학생

～です（ヘヨ体）

●名詞の最後にパッチムがない場合：예요をつける

友達です。

친구예요.
<small>チングエヨ</small>
友達　です

ヘヨ体は文末にそのまま？をつけるだけ
で疑問文になります。

예요 / 이에요 ?
<small>エヨ　　イエヨ</small>

●名詞の最後にパッチムがある場合：이에요をつける

学生です。

학생이에요.
<small>ハクセンイエヨ</small>
学生　　です

疑問文は語尾を上げ
て発音しましょう！

　ハムニダ体よりやわらかい表現のヘヨ体では、名詞のあとに예요/이에요をつ
けます。名詞の最後にパッチムがない場合は예요、ある場合は이에요をつけま
す。ヘヨ体の疑問文は、うしろに？をつけるだけで表すことができます。

【 例文 】

① 母は主婦です。

어머니는 주부예요.
<small>オモニヌン　　チュブエヨ</small>

② あれはカバンです。

저것은 가방이에요.
<small>チョゴスン　　カバンイエヨ</small>

③ 趣味は読書です。

취미는 독서예요.
<small>チュィミヌン　トクソエヨ</small>

④ ユミさんも留学生ですか？

유미 씨도 유학생이에요?
<small>ユミ　ッシド　　ユハクセンイエヨ</small>

Check!

名前につける씨「～さん」

　韓国語で名前を呼ぶときは씨「～さん」を使いま
す。유미 씨「ユミさん」、김명수 씨「キム・ミョ
ンスさん」のように分かち書きをしましょう。

+α 助詞「〜は」

日本語の「〜は」にあたる助詞は는/은を使います。名詞の最後にパッチムがない場合は는、ある場合は은を使います。

～は	パッチムなし ヌン 는	例	チョヌン　　チングヌン　　オモニヌン 저는 / 친구는 / 어머니는 私は　　　友達は　　　母は
	パッチムあり ウン 은	例	ソンセンニムン　　オヌルン　　スオブン 선생님은 / 오늘은 / 수업은 先生は　　　今日は　　授業は

+α 助詞「〜も」

「〜も」という羅列や追加を表す助詞は도を使います。直前の単語のパッチムに関係なく使うことができます。

～も	ト 도	例	チョド　　　アボジド　　ネイルド 저도 / 아버지도 / 내일도 私も　　　父も　　　明日も

+α 指示代名詞①

韓国語の指示詞は日本語の「こそあど」のように、話し手から近い順に이/그/저/어느を使います。それに것「もの、こと」をつけると、이것「これ」、그것「それ」、저것「あれ」、어느 것「どれ」という指示代名詞を表すことができます。

この	その	あの	どの
イ 이	ク 그	チョ 저	オヌ 어느
これ	**それ**	**あれ**	**どれ**
イゴッ 이것	クゴッ 그것	チョゴッ 저것	オヌ ゴッ 어느 것

単語帳　韓国人 한국 사람（ハングク サラム）/ 歌手 가수（カス）/ 看護師 간호사（カノサ）

練習

1 下の語句から適切なもの選んで下線部に当てはめましょう。

┌─────────────┐
│ 는　은　도 │
└─────────────┘

❶ 私は　　　　저＿＿＿＿

❷ 今日は　　　오늘＿＿＿＿

❸ 母は　　　　어머니＿＿＿＿

❹ 学生は　　　학생＿＿＿＿

❺ 友達も　　　친구＿＿＿＿

❻ カバンも　　가방＿＿＿＿

2 下線部に適切な語句を入れて文を完成させましょう。

❶ 韓国人です。（ハムニダ体）　　　한국 사람＿＿＿＿＿＿＿＿ .

❷ 会社員です。（ヘヨ体）　　　　　회사원＿＿＿＿＿＿＿＿ .

❸ 大学生ですか？（ハムニダ体）　　대학생＿＿＿＿＿＿＿＿

❹ 歌手ですか？（ヘヨ体）　　　　　가수＿＿＿＿＿＿＿＿

3 日本語に合わせて文を作りましょう。

❶ ユミさんは会社員です。　**회사원**（会社員）（ハムニダ体）

⇒유미 씨는 ＿＿＿＿＿＿＿＿＿ .

❷ 母は看護師です。　**간호사**（看護師）（ヘヨ体）

⇒어머니는 ＿＿＿＿＿＿＿＿＿ .

❸ 友達は留学生ですか？　**유학생**（留学生）（ヘヨ体）

⇒친구는 ＿＿＿＿＿＿＿＿＿

··

《 解 答 》

1　❶ 는　❷ 은　❸ 는　❹ 은　❺ 도　❻ 도

2　❶ 입니다　❷ 이에요　❸ 입니까?　❹ 예요?

3　❶ 회사원입니다　❷ 간호사예요　❸ 유학생이에요?

🎙13

〜ではありません
名詞+가/이 아닙니다（아니에요）
カイ / アニムニダ / アニエヨ

「〜ではありません」という否定の表現を学びましょう。「〜ではない、違う」という意味の指定詞の아니다（アニダ）をハムニダ体とヘヨ体に活用させて表します。

〜ではありません（ハムニダ体）

● 名詞の最後にパッチムがない場合：가 아닙니다（カ アニムニダ）をつける

主婦ではありません。

주부가 아닙니다.
チュブガ / アニムニダ
主婦　が　　違います

주부 主婦　＋　**가 아닙니다**（カ アニムニダ）
チュブ　　　　　では ありません

→ 主婦ではありません

● 名詞の最後にパッチムがある場合：이 아닙니다（イ アニムニダ）をつける

先生ではありません。

선생님이 아닙니다.
ソンセンニミ / アニムニダ
先生　　が　　違います

선생님 先生　＋　**이 아닙니다**（イ アニムニダ）
ソンセンニム　　　　では ありません

→ 先生ではありません

아닙니다（アニムニダ）も 다（ダ）を 까?（ッカ）に変えると疑問文になります。

가/이 아닙니 **까?** **다**
カ / イ / アニムニ / ッカ / ダ

　ハムニダ体は名詞の最後にパッチムがない場合は가 아닙니다（カ アニムニダ）、ある場合は이 아닙니다（イ アニムニダ）をつけて表します。아닙니다（アニムニダ）を아닙니까?（アニムニッカ）に変えると、「〜ではありませんか？」という疑問文になります。

46

単語帳 俳優 배우（ベウ）/ 嘘 거짓말（コジンマル）/ お店 가게（カゲ）/ 芸能人 연예인（ヨネイン）/ 時計 시계（シゲ）/ 人 사람（サラム）

【 例文 】

1 俳優ではありません。
_{ベウガ} _{アニムニダ}
배우가 아닙니다.

2 嘘ではありません。
_{コジンマリ} _{アニムニダ}
거짓말이 아닙니다.

3 このお店ではありませんか？
_イ _{カゲガ} _{アニムニッカ}
이 가게가 아닙니까？

4 芸能人ではありませんか？
_{ヨネイニ} _{アニムニッカ}
연예인이 아닙니까？

5 友達の時計ではありませんか？
_{チングエ} _{シゲガ} _{アニムニッカ}
친구의 시계가 아닙니까？

6 あの人ではありませんか？
_{チョ} _{サラミ} _{アニムニッカ}
저 사람이 아닙니까？

〜ではありません（ヘヨ体）

● **名詞の最後にパッチムがない場合：**_カ _{アニエヨ}가 아니에요をつける

彼氏ではありません。

_{ナムジャ} _{チングガ} _{アニエヨ}
<u>남자 친구가</u> <u>아니에요</u>.
　彼氏　　　が　　違います

語尾に？をつければ「〜ではありません
か？」という疑問文になります。

_{アニエヨ}
아니에요 ？

● **名詞の最後にパッチムがある場合：**_イ _{アニエヨ}이 아니에요をつける

私のものではありません。

_{チェ} _{ゴシ} _{アニエヨ}
<u>제 것이</u> <u>아니에요</u>.
私のもの が　　違います

　ヘヨ体では_{アニムニダ}아닙니다が_{アニエヨ}아니에요になります。疑問文はそのまま文末に？をつけ
るだけです。発音する際は語尾を上げましょう。

パッチムの有無を
見分けるのがポイントです！

【 例文 】

1. 医者ではありません。
_{ウイサガ} _{アニエヨ}
의사가 아니에요.

2. 公務員ではありません。
_{コンムウォニ} _{アニエヨ}
공무원이 아니에요.

3. 私の靴ではありません。
_{チェ クドゥガ} _{アニエヨ}
제 구두가 아니에요.

4. 先生の本ではありませんか？
_{ソンセンニメ チェギ} _{アニエヨ}
선생님의 책이 아니에요?

5. 偽物ではありませんか？
_{カッチャガ} _{アニエヨ}
가짜가 아니에요?

6. 日本人ではありませんか？
_{イルボン サラミ} _{アニエヨ}
일본 사람이 아니에요?

+α 助詞「～が」

日本語の「～が」にあたる助詞は가/이を使います。名詞の最後にパッチムがない場合は가、ある場合は이を使います。「～では」と訳される場合もあります。

～が	パッチムなし 가	例	_{チェガ} 제가 / _{チングガ} 친구가 / _{アボジガ} 아버지가 私が　　友達が　　　父が
	パッチムあり 이	例	_{ソンセンニミ} 선생님이 / _{ハクセンイ} 학생이 / _{オヌリ} 오늘이 先生が　　学生が　　　今日が

+α 助詞「～の」

日本語の「～の」にあたる所有や所属を表す助詞は의を使います。直前の単語のパッチムの有無に関係なく使うことができ、「ウイ」ではなく「エ」と発音します。なお、가방 안「カバンの中」、친구 가방「友達のカバン」のように省略する場合もあります。

～の	エ 의	例	_{チングエ} 친구의 / _{ソンセンニメ} 선생님의 / _{ネイレ} 내일의 友達の　　先生の　　　明日の

単語帳　医者 _{ウイサ}의사 / 公務員 _{コンムウォン}공무원 / 靴 _{クドゥ}구두 / 本 _{チェク}책 / 偽物 _{カッチャ}가짜 / 日本人 _{イルボン サラム}일본 사람 / ～のせい _{タッ}탓 /
服 _{オッ}옷 / 休日 _{ヒュイル}휴일

練習

1 下の語句から適切なもの選んで下線部に当てはめましょう。

※ 「～ではありません」という文型に使う助詞をあてはめる問題です。

┌─ 가　이　의 ─┐

① 俳優では　　배우＿＿＿＿　　② 先生の　　선생님＿＿＿＿

③ 芸能人では　연예인＿＿＿＿　④ 学生では　학생＿＿＿＿

⑤ 金曜日では　금요일＿＿＿＿　⑥ 医者では　의사＿＿＿＿

2 下線部に適切な語句を入れて文を完成させましょう。

① 私のせいではありません。（ハムニダ体）　제 탓이＿＿＿＿＿＿＿＿＿ .

② 嘘ではありません。（ハムニダ体）　　거짓말이＿＿＿＿＿＿＿＿＿ .

③ 先生の服ではありませんか？（ヘヨ体）　선생님의 옷이＿＿＿＿＿＿＿

④ 友達ではありません。（ヘヨ体）　　친구가＿＿＿＿＿＿＿＿＿ .

3 日本語に合わせて「～ではありません」という文を作りましょう。

① 休日ではありません。　휴일（休日）（ハムニダ体）

　⇒＿＿＿＿＿＿＿＿＿＿＿＿＿＿＿＿＿＿ .

② この店ではありませんか？　이 가게（この店）（ヘヨ体）

　⇒＿＿＿＿＿＿＿＿＿＿＿＿＿＿＿＿＿＿

③ 偽物ではありません。　가짜（偽物）（ヘヨ体）

　⇒＿＿＿＿＿＿＿＿＿＿＿＿＿＿＿＿＿＿ .

．．．

《 解 答 》

1 ① 가　② 의　③ 이　④ 이　⑤ 이　⑥ 가

2 ① 아닙니다　② 아닙니다　③ 아니에요?　④ 아니에요

3 ① 휴일이 아닙니다　② 이 가게가 아니에요?　③ 가짜가 아니에요

🎙14

います、あります
있습니다 / 있어요
イッスムニダ / イッソヨ

|||||||||||||||||||||||||||||||||||||||||||||||||||||||||||||||||

　存在詞の있다(イッタ)「いる、ある」と없다(オプタ)「いない、ない」を活用させて、「います、あります」「いません、ありません」という表現を学びましょう。

います、あります

●ハムニダ体

姉がいます。
オンニガ　　イッスムニダ
언니가　있습니다.
姉　が　　います

있습니 **까?**
イッスムニ　ッカ

다
ダ

●ヘヨ体

カバンがあります。
カバンイ　　イッソヨ
가방이　있어요.
カバン　が　あります

있어요 **?**
イッソヨ

ハムニダ体は다(ダ)を까?(ッカ)に変え、ヘヨ体はそのまま?をつけると疑問文になります。

있다(イッタ)は「いる、ある」の両方の意味で使うことができます。

いる ← **있다** → ある
イッタ

姉　　　　　　　　　　　　　　　カバン

　「います、あります」は、ハムニダ体は있습니다(イッスムニダ)、ヘヨ体は있어요(イッソヨ)になります。疑問文にするときは、ハムニダ体は있습니까?(イッスムニッカ)となり、ヘヨ体はそのまま?をつけて表します。また、日本語は人や動物は「いる」、物は「ある」と言いますが、韓国語の存在詞はその両方に使うことができます。

単語帳 病院 병원(ビョンウォン) / 週末 주말(チュマル) / 時間 시간(シガン) / 教室 교실(キョシル) / 家 집(チプ) / 駅 역(ヨク) / 銀行 은행(ウネン)

【 例文 】

① 病院があります。
ビョンウォニ　イッスムニダ
병원이 있습니다.

② 時計があります。
シゲガ　イッソヨ
시계가 있어요.

③ 週末、時間がありますか?
チュマレ　シガニ　イッスムニッカ
주말에 시간이 있습니까?

④ 教室に人がいますか?
キョシレ　サラミ　イッソヨ
교실에 사람이 있어요?

⑤ 家の横にお店があります。
チブ　ヨペ　カゲガ　イッソヨ
집 옆에 가게가 있어요.

⑥ 駅の前に銀行がありますか?
ヨ　ガペ　ウネニ　イッソヨ
역 앞에 은행이 있어요?

いません、ありません

●ハムニダ体

子犬がいません。
カンアジガ　オプスムニダ
강아지가 없습니다.
子犬　　が　　いません

●ヘヨ体

財布がありません。
チガビ　オプソヨ
지갑이 없어요.
財布　　が　ありません

オプスムニ　ッカ
없습니｜까?　다

オプソヨ
없어요　?

ハムニダ体は다を까?に変え、ヘヨ体はそのまま?をつけると疑問文になります。

オプタ
없다も「いない、ない」の両方の意味で使うことができます。

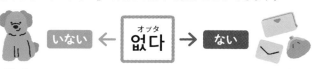
いない ← 없다 → ない
オプタ

子犬　　　　　　　　　　　　財布

「いません、ありません」は、ハムニダ体は없습니다、ヘヨ体は없어요になります。疑問文は、ハムニダ体は없습니까?となり、ヘヨ体はそのまま?をつけます。
オプスムニダ　オプソヨ　オプスムニッカ

【 例文 】

1 この歌手は人気がありません。
<ruby>이<rt>イ</rt></ruby> <ruby>가수는<rt>カスヌン</rt></ruby> <ruby>인기가<rt>インッキガ</rt></ruby> <ruby>없습니다<rt>オプスムニダ</rt></ruby>.

2 彼氏がいません。
<ruby>남자<rt>ナムジャ</rt></ruby> <ruby>친구가<rt>チングガ</rt></ruby> <ruby>없어요<rt>オプソヨ</rt></ruby>.

3 財布の中にお金がありません。
<ruby>지갑<rt>チガ</rt></ruby> <ruby>안에<rt>バネ</rt></ruby> <ruby>돈이<rt>トニ</rt></ruby> <ruby>없어요<rt>オプソヨ</rt></ruby>.

4 時間がありませんか？
<ruby>시간이<rt>シガニ</rt></ruby> <ruby>없습니까<rt>オプスムニッカ</rt></ruby>?

5 この近くにコンビニがありませんか？
<ruby>이<rt>イ</rt></ruby> <ruby>근처에<rt>クンチョエ</rt></ruby> <ruby>편의점이<rt>ピョニジョミ</rt></ruby> <ruby>없어요<rt>オプソヨ</rt></ruby>?

+α 助詞「〜に」

日本語の「〜に」にあたる助詞は、対象が時間や場所の場合は<ruby>에<rt>エ</rt></ruby>を、人の場合は<ruby>에게<rt>エゲ</rt></ruby>を使います。

〜に (場所・時間)	<ruby>에<rt>エ</rt></ruby>	例	<ruby>아침에<rt>アチメ</rt></ruby> ／ <ruby>학교에<rt>ハッキョエ</rt></ruby> ／ <ruby>한국에<rt>ハングゲ</rt></ruby> 朝に　　学校に　　韓国に
〜に（人）	<ruby>에게<rt>エゲ</rt></ruby>	例	<ruby>친구에게<rt>チングエゲ</rt></ruby> ／ <ruby>여자 친구에게<rt>ヨジャ チングエゲ</rt></ruby> 友達に　　　彼女に

+α 位置を表す単語

人や物の位置を表すときに使う単語を覚えましょう。文章では後ろに助詞の<ruby>에<rt>エ</rt></ruby>をつけて、<ruby>위에<rt>ウィエ</rt></ruby>「上に」、<ruby>옆에<rt>ヨベ</rt></ruby>「隣に」と表します。

上	下	前	後ろ	中
<ruby>위<rt>ウィ</rt></ruby>	<ruby>아래<rt>アレ</rt></ruby>／<ruby>밑<rt>ミッ</rt></ruby>	<ruby>앞<rt>アプ</rt></ruby>	<ruby>뒤<rt>トゥイ</rt></ruby>	<ruby>안<rt>アン</rt></ruby>／<ruby>속<rt>ソク</rt></ruby>
外	**隣・横**	**間**	**左側**	**右側**
<ruby>밖<rt>バク</rt></ruby>	<ruby>옆<rt>ヨプ</rt></ruby>	<ruby>사이<rt>サイ</rt></ruby>	<ruby>왼쪽<rt>ウェンッチョク</rt></ruby>	<ruby>오른쪽<rt>オルンッチョク</rt></ruby>

単語帳 人気 <ruby>인기<rt>インッキ</rt></ruby> ／ お金 <ruby>돈<rt>トン</rt></ruby> ／ 近所 <ruby>근처<rt>クンチョ</rt></ruby> ／ コンビニ <ruby>편의점<rt>ピョニジョム</rt></ruby> ／ 椅子 <ruby>의자<rt>ウイジャ</rt></ruby> ／ 机 <ruby>책상<rt>チェクサン</rt></ruby> ／ 会社 <ruby>회사<rt>フェサ</rt></ruby> ／ 約束 <ruby>약속<rt>ヤクソク</rt></ruby> ／ 郵便局 <ruby>우체국<rt>ウチェグク</rt></ruby>

練習

1 下の語句から適切なもの選んで下線部に当てはめましょう。

뒤 밑 옆 위 앞 안

① 椅子の下   의자 ＿＿＿＿＿   ② 机の上   책상 ＿＿＿＿＿

③ 家の前   집 ＿＿＿＿＿   ④ 財布の中   지갑 ＿＿＿＿＿

⑤ 会社の後ろ   회사 ＿＿＿＿＿   ⑥ 学校の横   학교 ＿＿＿＿＿

2 下線部に適切な語句を入れて文を完成させましょう。

① コンビニがありますか？（ハムニダ体）   편의점이 ＿＿＿＿＿＿＿＿＿＿

② 約束がありませんか？（ヘヨ体）   약속이 ＿＿＿＿＿＿＿＿＿＿

③ 彼氏がいません。（ハムニダ体）   남자 친구가 ＿＿＿＿＿＿＿＿＿.

④ 授業がありますか？（ヘヨ体）   수업이 ＿＿＿＿＿＿＿＿＿＿

3 日本語に合わせて文を完成させましょう。

① 近所に郵便局があります。   우체국 （郵便局）（ヘヨ体）

⇒근처에 ＿＿＿＿＿＿＿＿＿＿＿＿＿＿＿

② 財布の中にお金がありません。   돈 （お金）（ハムニダ体）

⇒지갑 안에 ＿＿＿＿＿＿＿＿＿＿＿＿

③ この歌手は人気がありませんか？   인기 （人気）（ヘヨ体）

⇒이 가수는 ＿＿＿＿＿＿＿＿＿＿＿＿＿

. . . .

《 解 答 》

1 ① 밑 ② 위 ③ 앞 ④ 안 ⑤ 뒤 ⑥ 옆

2 ① 있습니까? ② 없어요? ⑤ 없습니다 ④ 있어요?

3 ① 우체국이 있어요 ② 돈이 없습니다 ③ 인기가 없어요?

🎤15

〜ます、です（ハムニダ体）
語幹＋ㅂ니다^{ムニダ}/습니다^{スムニダ}

갑니다^{カムニダ}「行きます」、예쁩니다^{イェップムニダ}「きれいです」のような、ハムニダ体の用言の活用（→P32）を学びましょう。

〜ます、〜です（ハムニダ体）

● **語幹末にパッチムがない場合**：ㅂ니다^{ムニダ}をつける

　[作り方] **가다**^{カダ} 行く

가^カ＋ㅂ니다^{ムニダ}→**갑니다**^{カムニダ}
[語幹]　　　　　　　　　行きます

● **語幹末にパッチムがある場合**：습니다^{スムニダ}をつける

　[作り方] **먹다**^{モクタ} 食べる

먹^{モク}＋습니다^{スムニダ}→**먹습니다**^{モクスムニダ}
[語幹]　　　　　　　　　　食べます

● **語幹末がㄹパッチムの場合**：ㄹをとってㅂ니다^{ムニダ}をつける

　[作り方] **놀다**^{ノルダ} 遊ぶ

놀^{ノル}＋ㅂ니다^{ムニダ}→**놉니다**^{ノムニダ}
[語幹]　　　　　　　　　遊びます
╱ㄹをとる╲

ㄹパッチムの用言はㄹが脱落するので注意しましょう。

　「〜ます、です」というハムニダ体の表現は、用言の語幹末にパッチムがない場合は<ruby>ㅂ니다<rt>ムニダ</rt></ruby>、ある場合は<ruby>습니다<rt>スムニダ</rt></ruby>を語幹につけます。語幹末がㄹパッチムの場合はㄹをとって<ruby>ㅂ니다<rt>ムニダ</rt></ruby>をつけます。「〜ますか？」という疑問文は<ruby>다<rt>ダ</rt></ruby>を<ruby>까?<rt>ッカ</rt></ruby>に変えて、<ruby>ㅂ니까?<rt>ムニッカ</rt></ruby>/<ruby>습니까?<rt>スムニッカ</rt></ruby>と表します。

【 例文 】

① 友達が来ます。
<ruby>친구가<rt>チングガ</rt></ruby> <ruby>옵니다<rt>オムニダ</rt></ruby>.

② スカートをはきます。
<ruby>치마를<rt>チマルル</rt></ruby> <ruby>입습니다<rt>イプスムニダ</rt></ruby>.

③ 韓国語を勉強します。
<ruby>한국어를<rt>ハングゴルル</rt></ruby> <ruby>공부합니다<rt>コンブハムニダ</rt></ruby>.

④ 料理を作ります。
<ruby>요리를<rt>ヨリルル</rt></ruby> <ruby>만듭니다<rt>マンドゥムニダ</rt></ruby>.

⑤ 弟とサッカーをします。
<ruby>남동생과<rt>ナムドンセングァ</rt></ruby> <ruby>축구를<rt>チュックルル</rt></ruby> <ruby>합니다<rt>ハムニダ</rt></ruby>.

⑥ どんな服を買いますか？
<ruby>어떤<rt>オットン</rt></ruby> <ruby>옷을<rt>ノスル</rt></ruby> <ruby>삽니까?<rt>サムニッカ</rt></ruby>

⑦ 明日誰に会いますか？
<ruby>내일<rt>ネイル</rt></ruby> <ruby>누구를<rt>ヌグルル</rt></ruby> <ruby>만납니까?<rt>マンナムニッカ</rt></ruby>

⑧ 韓国料理はおいしいですか？
<ruby>한국<rt>ハングン</rt></ruby> <ruby>요리는<rt>ニョリヌン</rt></ruby> <ruby>맛있습니까?<rt>マシッスムニッカ</rt></ruby>

+α 助詞「〜を」

　日本語の「〜を」にあたる助詞は<ruby>를<rt>ルル</rt></ruby>/<ruby>을<rt>ウル</rt></ruby>を使います。名詞の最後にパッチムがない場合は<ruby>를<rt>ルル</rt></ruby>、ある場合は<ruby>을<rt>ウル</rt></ruby>を使います。なお、日本語だと「〜に」の助詞を使う動詞の<ruby>만나다<rt>マンナダ</rt></ruby>「会う」、<ruby>타다<rt>タダ</rt></ruby>「乗る」も<ruby>를<rt>ルル</rt></ruby>/<ruby>을<rt>ウル</rt></ruby>を使うので覚えておきましょう。

～を	パッチムなし <ruby>를<rt>ルル</rt></ruby>	例	<ruby>식사<rt>シクサルル</rt></ruby>를 / <ruby>전화<rt>チョヌァルル</rt></ruby>를 / <ruby>편지<rt>ピョンジルル</rt></ruby>를 食事を　電話を　手紙を
	パッチムあり <ruby>을<rt>ウル</rt></ruby>	例	<ruby>수업<rt>スオブル</rt></ruby>을 / <ruby>연습<rt>ヨンスブル</rt></ruby>을 / <ruby>음악<rt>ウマグル</rt></ruby>을 授業を　練習を　音楽を

単語帳 スカート <ruby>치마<rt>チマ</rt></ruby> / 着る、はく <ruby>입다<rt>イプタ</rt></ruby> / 韓国語 <ruby>한국어<rt>ハングゴ</rt></ruby> / 勉強する <ruby>공부하다<rt>コンブハダ</rt></ruby> / 作る <ruby>만들다<rt>マンドゥルダ</rt></ruby> / 弟 <ruby>남동생<rt>ナムドンセン</rt></ruby> / サッカー <ruby>축구<rt>チュック</rt></ruby> / 買う <ruby>사다<rt>サダ</rt></ruby> / 会う <ruby>만나다<rt>マンナダ</rt></ruby> / 韓国料理 <ruby>한국 요리<rt>ハングン ニョリ</rt></ruby> / おいしい <ruby>맛있다<rt>マシッタ</rt></ruby>

+α 助詞「〜と」

日本語の「〜と…」という並列を表す助詞は와/과を使います。名詞の最後にパッチムがない場合は와、ある場合は과を使います。

〜と	パッチムなし ワ 와	例	ノワ ナ 너와 나 / 어머니와 아버지 君とわたし　　母と父
	パッチムあり クァ 과	例	ヨドンセングァ ナムドンセン　キュルグァ サグァ 여동생과 남동생 / 귤과 사과 妹と弟　　ミカンとリンゴ

+α よく使う疑問詞

日常生活でよく使う疑問詞を覚えましょう。疑問詞を使った疑問文の作り方はP96のコラムを確認しましょう。

いつ	どこ	誰	誰が	何
オンジェ 언제	オディ 어디	ヌグ 누구	ヌガ 누가	ムオッ 무엇
どんな	**どう**	**なぜ**	**何の**	**何を**
オットン 어떤	オットケ 어떻게	ウェ 왜	ムスン 무슨	※　ムオル 뭘
どの	**どれ**	**どちら**	**いくら**	**いくつ**
オヌ 어느	オヌ ゴッ 어느 것	オヌ ッチョク 어느 쪽	オルマ 얼마	ミョッ 몇

ムオル ムオスル
※뭘は무엇을「何を」を縮約した形で、会話でよく使われます。

「〜です、ます」の
表現と疑問詞を
組み合わせて
使ってみましょう！

単語帳 パン ッパン / する ハダ / もらう（受ける） パッタ / 撮る ッチクタ
빵　　　하다　　　　　　　받다　　　찍다

練習

1 下の語句から適切なもの選んで下線部に当てはめましょう。

> 를　을　와　과

① 妹と　　여동생_____　　② 友達と　　친구_____

③ パンを　　빵_____　　④ スカートを　　치마_____

2 単語をハムニダ体の「〜ます、です」の形にしてみましょう。

① 가다（行く）_____　　② 공부하다（勉強する）_____

③ 놀다（遊ぶ）_____　　④ 먹다（食べる）_____

⑤ 보다（見る）_____　　⑥ 사다（買う）_____

⑦ 하다（する）_____　　⑧ 받다（もらう）_____

⑨ 찍다（撮る）_____　　⑩ 맛있다（おいしい）_____

3 日本語に合わせてハムニダ体の文を作りましょう。

① 家に友達が来ますか？　오다（来る）

　⇒집에 친구가 _____

② 韓国語を勉強しますか？　공부하다（勉強する）

　⇒한국어를 _____

③ 朝にパンを食べますか？　먹다（食べる）

　⇒아침에 빵을 _____

. . . .

《 解答 》

1　❶과　❷와　❸을　❹를

2　❶갑니다　❷공부합니다　❸놉니다　❹먹습니다　❺봅니다　❻삽니다　❼합니다　❽받습니다　❾찍습니다　❿맛있습니다

3　❶옵니까?　❷공부합니까?　❸먹습니까?

〜ます、です（ヘヨ体）
語幹＋아／어요

Lesson14ではハムニダ体の活用を学びましたが、ここでは日常でよく使われるヘヨ体の基本の活用を学びましょう。

〜ます、です（ヘヨ体）

● **陽母音語幹用言の場合：아요をつける**

作り方　**살다** 暮らす

^{サル}**살** ＋ ^{アヨ}아요 → ^{サラヨ}**살**아요
語幹　　　　　　　　　　暮らします

● **陰母音語幹用言の場合：어요をつける**

作り方　**적다** 少ない

^{チョク}**적** ＋ ^{オヨ}어요 → ^{チョゴヨ}**적**어요
語幹　　　　　　　　　　少ないです

● **하다用言の場合：語幹末の하が해요になる**

作り方　**운동하다** 運動する

^{ウンドンハ}**운동하** → ^{ウンドンヘヨ}**운동**해요
語幹　　　　　　　運動します
／해요になる＼

「〜하다」という形の하다用言は「하여요」が縮約されて「해요」になります！

　ヘヨ体の活用は、用言の語幹末の母音が陽母音(ㅏ・ㅗ)の場合は語幹に아요^{アヨ}を、陰母音(ㅏ・ㅗ以外)の場合は어요^{オヨ}をつけて表します。하다^{ハダ}用言の場合は、해요^{ヘヨ}になります。疑問文はそのまま？をつけるだけです。なお、ヘヨ体の活用は語幹の母音の形によって아/어^{ア オ}が脱落したり、結合したりするパターンがあり、それを縮約形^{しゃくやくけい}といいます。下の表で確認してみましょう。

	単語例	語幹末の母音	接続する語尾	作り方
아/어 が脱落	가다^{カダ} 行く	ㅏ	아요^{アヨ}	가^カ + 아요^{アヨ} → 가요^{カヨ} 脱落　行きます
	서다^{ソダ} 立つ	ㅓ	어요^{オヨ}	서^ソ + 어요^{オヨ} → 서요^{ソヨ} 脱落　立ちます
	켜다^{キョダ} 点ける	ㅕ	어요^{オヨ}	켜^{キョ} + 어요^{オヨ} → 켜요^{キョヨ} 脱落　点けます
	보내다^{ポネダ} 送る	ㅐ	어요^{オヨ}	보내^{ポネ} + 어요^{オヨ} → 보내요^{ポネヨ} 脱落　送ります
	세다^{セダ} 数える	ㅔ	어요^{オヨ}	세^セ + 어요^{オヨ} → 세요^{セヨ} 脱落　数えます
아/어 が結合	보다^{ポダ} 見る	ㅗ	아요^{アヨ}	보^ポ + 아요^{アヨ} → 봐요^{ポァヨ} 結合　見ます
	외우다^{ウェウダ} 覚える	ㅜ	어요^{オヨ}	외우^{ウェウ} + 어요^{オヨ} → 외워요^{ウェウォヨ} 結合　覚えます
	마시다^{マシダ} 飲む	ㅣ	어요^{オヨ}	마시^{マシ} + 어요^{オヨ} → 마셔요^{マショヨ} 結合してㅕになる　飲みます
	되다^{トゥェダ} なる	ㅚ	어요^{オヨ}	되^{トゥェ} + 어요^{オヨ} → 돼요^{トゥェヨ} 結合　なります

※쉬다^{シュイダ}「休む」には어요^{オヨ}がついて쉬어요^{シュイオヨ}となります。縮約形にはなりません。

【 例文 】

1 週末にも働きます。
チュマレド　イレヨ
주말에도 일해요.

2 両親に会います。
プモニムル　マンナヨ
부모님을 만나요.

3 プレゼントをもらいます。
ソンムルル　パダヨ
선물을 받아요.

4 買い物しに行きますか?
ショピンハロ　カヨ
쇼핑하러 가요?

5 このジュースは甘いですか?
イ　ジュスヌン　タラヨ
이 주스는 달아요?

6 一緒にご飯を食べましょう。
カチ　パブル　モゴヨ
같이 밥을 먹어요.

+α 助詞「〜しに」

////////////////////////////

　後ろに가다「行く」や오다「来る」を伴って、「〜しに行く」、「〜しに来る」という目的を表す助詞は러/으러を使います。動詞の語幹にパッチムがない場合は러、ある場合は으러を使います。またㄹパッチムの場合は러を使います。

〜しに	パッチムなし（ㄹパッチム）러	例	ポロ **보러** / マンナロ **만나러** / ノルロ **놀러** 見に　会いに　遊びに
	パッチムあり으러	例	モグロ **먹으러** / パドゥロ **받으러** / ッチグロ **찍으러** 食べに　もらいに　撮りに

Check!

勧誘や命令の意味も表す

....

　ヘヨ体の아/어요「〜ます、です」は「〜しましょう」という勧誘の表現にもなります。また、文脈によって「〜してください」という丁寧な命令の表現も表すことがあります。

60

働く イラダ 일하다 / 両親 プモニム 부모님 / プレゼント ソンムル 선물 / 買い物する ショピンハダ 쇼핑하다 / ジュース チュス 주스 / 甘い タルダ 달다 / ごはん パブ 밥 / 釜山 プサン 부산 / ソウル ソウル 서울

練習

1 単語をヘヨ体の「～ます、です」の形にしてみましょう。

① 살다 （住む）　＿＿＿＿＿＿

② 먹다 （食べる）　＿＿＿＿＿＿

③ 일하다 （働く）　＿＿＿＿＿＿

④ 달다 （甘い）　＿＿＿＿＿＿

⑤ 되다 （なる）　＿＿＿＿＿＿

⑥ 마시다 （飲む）　＿＿＿＿＿＿

⑦ 보다 （見る）　＿＿＿＿＿＿

⑧ 주다 （あげる）　＿＿＿＿＿＿

2 下の語句から適切なもの選んで「～しに」の形にしてみましょう。

러　으러

① 食べに　먹＿＿＿＿＿

② 見に　보＿＿＿＿＿

③ 会いに　만나＿＿＿＿＿

④ もらいに　받＿＿＿＿＿

⑤ 遊びに　놀＿＿＿＿＿

⑥ 撮りに　찍＿＿＿＿＿

3 日本語に合わせてヘヨ体の文を作りましょう。

① 釜山に遊びに行きますか？　가다 （行く）

⇒부산에 놀러 ＿＿＿＿＿＿＿＿＿＿＿＿＿＿＿＿＿＿＿＿＿

② 友達がソウルに来ますか？　오다 （来る）

⇒친구가 서울에 ＿＿＿＿＿＿＿＿＿＿＿＿＿＿＿＿＿＿＿

③ 週末にサッカーをしますか？　하다 （する）

⇒주말에 축구를 ＿＿＿＿＿＿＿＿＿＿＿＿＿＿＿＿＿＿＿

＿＿＿＿＿＿＿＿＿＿＿＿＿＿＿＿＿＿＿＿＿＿＿＿＿＿＿＿

《 解答 》

1　**①** 살아요　**②** 먹어요　**③** 일해요　**④** 달아요　**⑤** 돼요　**⑥** 마셔요　**⑦** 봐요　**⑧** 줘요

2　**①** 으러　**②** 러　**③** 러　**④** 으러　**⑤** 러　**⑥** 으러

3　**①** 가요?　**②** 와요?　**③** 해요?

いくらですか?

얼마예요?
（オルマエヨ）

ここでは値段や時間の尋ね方や数字の数え方を学びましょう。韓国語の数字の数え方は、日本語と同じように漢数詞と固有数詞の2種類があります。

いくらですか?

いくらですか?

얼마예요?
（オルマエヨ）
いくら ですか

얼마
（オルマ）
いくら

値段を尋ねる疑問詞です。韓国のお金の単位は원（ウォン）といいます。

「いくらですか?」という疑問文は、얼마예요?（オルマエヨ）と表します。얼마（オルマ）は「いくら、どのくらい」という疑問詞で、値段を尋ねるときに使います。

+α 漢数詞

日本語の「1（いち）、2（に）、3（さん）…」にあたる数え方です。なお、0は영（ヨン）と表しますが、電話番号を伝えるときなどは공（コン）と言います。

1	2	3	4	5	6	7	8	9	10
イル 일	イ 이	サム 삼	サ 사	オ 오	ユク 육	チル 칠	パル 팔	ク 구	シプ 십
11	**12**	**13**	**14**	**15**	**16**	**17**	**18**	**19**	**20**
シビル 십일	シビ 십이	シプサム 십삼	シプサ 십사	シボ 십오	シムニュク 십육※	シプチル 십칠	シプパル 십팔	シプク 십구	イシプ 이십
30	**40**	**50**	**60**	**70**	**80**	**90**	**百**	**千**	**万**
サムシプ 삼십	サシプ 사십	オシプ 오십	ユクシプ 육십	チルシプ 칠십	パルシプ 팔십	クシプ 구십	ペク 백	チョン 천	マン 만

※「16」は「ㄴ」の挿入後に鼻音化（→27,29）して심늉（シムニュク）と発音します。

+α 漢数詞につく助数詞

漢数詞は年月日や金額、時間の分を表すときに使います。

年	ニョン 년	例	チョンクベックシボ ニョン　イチョンイシビル リョン 천구백구십오 년 / 이천이십일 년 1995 年　　　　　　2021 年
日	イル 일	例	オ イル　イシッサ ミル 오 일 / 이십삼 일 5日　　　23日
分	プン 분	例	チルブン　サムシッサ プン 칠 분 / 삼십사 분 7分　　　34分
ウォン	ウォン 원	例	ベ グォン　マンクチョ ノォン※ 백 원 / 만구천 원※ 100ウォン　1万9千ウォン

助数詞とは物を数えるときに数字につく言葉です！

※ 1万は일만ではなく만のみで表します。

+α 月の数え方

月を数えるときは漢数詞を使います。「6月」は육월ではなく유월、「10月」は십월ではなく시월となるので注意しましょう。

1月	2月	3月	4月	5月	6月
イルオル 일월	イウォル 이월	サムオル 삼월	サウォル 사월	オウォル 오월	ユウォル※ 유월※
7月	8月	9月	10月	11月	12月
チルオル 칠월	パルオル 팔월	クウォル 구월	シウォル※ 시월※	シビルオル 십일월	シビウォル 십이월

【 例文 】

① この服はいくらですか？

イ　オスン　　オルマエヨ
이 옷은 얼마예요?

② 誕生日は8月です。

センイルン　　パルォリエヨ
생일은 팔월이에요.

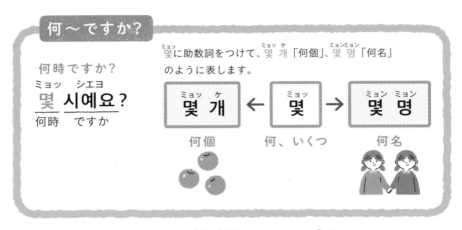

何〜ですか？

何時ですか？
ミョッ　シエヨ
몇 시예요?
何時　ですか

몇に助数詞をつけて、몇 개「何個」、몇 명「何名」
ミョッ　ケ　　　　　　ミョンミョン
のように表します。

ミョッ ケ　　　　　　ミョッ　　　　　ミョン ミョン
몇 개 ← 몇 → 몇 명

何個　　　　　　　　何、いくつ　　　　　　何名

　「何時ですか？」という疑問文は몇 시예요？と表します。몇は「いくつ、何」とい
う疑問詞で、時間や人数、個数、長さ、重さなど数を尋ねるときに使います。

+α　固有数詞

　日本語の「1つ、2つ、3つ…」にあたる数え方で、1から99まで数えること
ができます。100以上は漢数詞で数えます。固有数詞の1 〜 4と20は助数詞が
つくと形がかわるため注意しましょう。

1つ	2つ	3つ	4つ	5つ	6つ	7つ	8つ
ハナ 하나	トゥル 둘	セッ 셋	ネッ 넷	タソッ 다섯	ヨソッ 여섯	イルゴプ 일곱	ヨドル 여덟
9つ	**とお(10)**	**11**	**12**	**13**	**14**	**15**	**16**
アホプ 아홉	ヨル 열	ヨルハナ 열하나	ヨルトゥル 열둘	ヨルセッ 열셋	ヨルレッ 열넷	ヨルタソッ 열다섯	ヨルリョソッ 열여섯
17	**18**	**19**	**20**	**30**	**40**	**50**	**60**
ヨリルゴプ 열일곱	ヨルリョドル 열여덟	ヨラホプ 열아홉	スムル 스물	ソルン 서른	マフン 마흔	シュィン 쉰	イェスン 예순
70	**80**	**90**	**99**				
イルン 일흔	ヨドゥン 여든	アフン 아흔	アフナホプ 아흔아홉				

例 개 「個」をつけた場合

- 1 ハナ 하나 → ハンゲ 한 개
- 2 トゥル 둘 → トゥゲ 두 개
- 3 셋 → セゲ 세 개
- 4 ネッ 넷 → ネゲ 네 개
- 20 スムル 스물 → スム ゲ 스무 개

+α 固有数詞につく助数詞

固有数詞は個数や年齢、時間、回数などを表すときに使います。

～個	ケ 개	**例** タソッ ケ 다섯 개 ／ スムルレ ゲ 스물네 개 5 個　　　24 個
～歳	サル 살	**例** ヨルリョドル サル 열여덟 살 ／ マフンタソッ サル 마흔다섯 살 18 歳　　　45 歳
～時	シ 시	**例** トゥ シ 두 시 ／ ヨル シ 열 시 2 時　　10 時
～回	ポン 번	**例** セ ボン 세 번 ／ ヨルリョソッポン 열여섯 번 3 回　　　16 回
～名	ミョン 명	**例** ネミョン 네 명 ／ スムルトゥミョン 스물두 명 4 名　　　22 名

+α 時間の数え方

韓国語では「～時」は固有数詞、「～分」は漢数詞を使って表します。30分は日本語と同じように 반「半」と表す場合もあります。なお、午前と午後の区別は、時間の前に 오전「午前」、오후「午後」をつけて表します。

例

- 4時30分　ネ シ サムシプ プン 네 시 삼십 분
- 午前10時15分　オジョンヨル シ シボ プン 오전 열 시 십오 분
- 4時半　ネ シ バン 네 시 반
- 午後3時21分　オフ セ シ イシビル プン 오후 세 시 이십일 분

【 例文 】

① 何個ありますか？
<ruby>몇<rt>ミョッ</rt></ruby> <ruby>개<rt>ケ</rt></ruby> <ruby>있어요<rt>イッソヨ</rt></ruby>?

② 弟は何歳ですか？
<ruby>남동생이<rt>ナムドンセンイ</rt></ruby> <ruby>몇<rt>ミョッ</rt></ruby> <ruby>살이에요<rt>サリエヨ</rt></ruby>?

③ 11 時に行きます。
<ruby>열한<rt>ヨラン</rt></ruby> <ruby>시에<rt>シエ</rt></ruby> <ruby>가요<rt>カヨ</rt></ruby>.

④ 7 時半に起きます。
<ruby>일곱<rt>イルゴプ</rt></ruby> <ruby>시<rt>シ</rt></ruby> <ruby>반에<rt>バネ</rt></ruby> <ruby>일어나요<rt>イロナヨ</rt></ruby>.

⑤ 明日から運動します。
<ruby>내일부터<rt>ネイルブト</rt></ruby> <ruby>운동해요<rt>ウンドンヘヨ</rt></ruby>.

⑥ 10 時まで勉強します。
<ruby>열<rt>ヨル</rt></ruby> <ruby>시까지<rt>シッカジ</rt></ruby> <ruby>공부해요<rt>コンブヘヨ</rt></ruby>.

+α 助詞「〜から」「〜まで」

「〜から」という時間の起点や順序の始まりを表す助詞は<ruby>부터<rt>ブト</rt></ruby>を使います。また、「〜まで」という時間や空間の限度を表す助詞は<ruby>까지<rt>ッカジ</rt></ruby>を使います。

〜から	<ruby>부터<rt>ブト</rt></ruby>	例	<ruby>오늘부터<rt>オヌルブト</rt></ruby> ／ <ruby>두 시부터<rt>トゥ シブト</rt></ruby> 今日から　2時から
〜まで	<ruby>까지<rt>ッカジ</rt></ruby>	例	<ruby>내일까지<rt>ネイルッカジ</rt></ruby>／ <ruby>열두 시까지<rt>ヨルトゥ シッカジ</rt></ruby> 明日まで　12時まで

+α 曜日と期間

月曜日から日曜日までの曜日と、期間の表し方を覚えましょう。

月曜日	火曜日	水曜日	木曜日	金曜日
<ruby>월요일<rt>ウォリョイル</rt></ruby>	<ruby>화요일<rt>ファヨイル</rt></ruby>	<ruby>수요일<rt>スヨイル</rt></ruby>	<ruby>목요일<rt>モギョイル</rt></ruby>	<ruby>금요일<rt>クミョイル</rt></ruby>
土曜日	**日曜日**	**一週間**	**1か月**	**6か月／半年**
<ruby>토요일<rt>トヨイル</rt></ruby>	<ruby>일요일<rt>イリョイル</rt></ruby>	<ruby>일주일<rt>イルチュイル</rt></ruby>	<ruby>한 달<rt>ハン ダル</rt></ruby> / <ruby>일 개월<rt>イル ゲウォル</rt></ruby>	<ruby>육 개월<rt>ユッケウォル</rt></ruby> / <ruby>반년<rt>バンニョン</rt></ruby>

単語帳　起きる <ruby>일어나다<rt>イロナダ</rt></ruby>

練習

1 下の語句から適切なもの選んで下線部に当てはめましょう。

> 얼마　몇　부터　까지

1 何個買いますか?　　　　　　　　_____개 사요?

2 4時までです。　　　　　네 시_____예요.

3 木曜日からです。　　　　목요일_____예요.

4 これはいくらですか?　　이건 _____예요?

2 下の数字をハングルで書いてみましょう。

1 13（漢数詞）_____　　**2** 40（漢数詞）_____

3 2（固有数詞）_____　　**4** 27（固有数詞）_____

3 助数詞を使って下の数字をハングルで書いてみましょう。

> 개　살　시　원　분

1 2つ _____　　**2** 11時20分 _____

3 1万4千ウォン _____　　**4** 20歳 _____

....

《 解 答 》

1 **1** 몇　**2** 까지　**3** 부터　**4** 얼마

2 **1** 십삼　**2** 사십　**3** 둘　**4** 스물일곱

3 **1** 두 개　**2** 열한 시 이십 분　**3** 만사천 원　**4** 스무 살

1 下の語句から適切なものを選び下線部に書きましょう。

는　은　가　이　를　을　에　에게

1 ここは　여기＿＿＿＿＿＿＿

2 ソウルは　서울＿＿＿＿＿＿＿

3 父が　아버지＿＿＿＿＿＿＿

4 教授が　교수님＿＿＿＿＿＿＿

5 友達を　친구＿＿＿＿＿＿＿

6 カバンを　가방＿＿＿＿＿＿＿

7 友達に　친구＿＿＿＿＿＿＿

8 学校に　학교＿＿＿＿＿＿＿

2 下線部に適切な語句を入れて、「名詞＋です（か?）」の表現のハムニダ体の文を完成させましょう。

1 父は医者です。

아버지＿＿＿＿＿　의사＿＿＿＿＿＿＿＿．

2 職業は会社員です。

직업＿＿＿＿＿　회사원＿＿＿＿＿＿＿＿．

3 明日は休みですか?

내일＿＿＿＿＿　휴일＿＿＿＿＿＿＿＿

4 彼女は俳優ですか?

그녀＿＿＿＿＿　배우＿＿＿＿＿＿＿＿

5 キムチョルスさんは留学生です。

김철수 씨＿＿＿＿＿　유학생＿＿＿＿＿＿＿＿．

6 これはわたしの携帯電話です。

이것＿＿＿＿＿　내 휴대폰＿＿＿＿＿＿＿＿．

3 下線部に適切な語句を入れて、「名詞＋です（か?）」というヘヨ体の文を完成させましょう。

1 彼はサッカー選手です。

그 사람_____ 축구 선수_____.

2 明日が締め切りの日です。

내일_____ 마감날_____.

3 大阪出身ですか?

오사카 출신_____.

4 韓国は初めてですか?

한국_____ 처음_____.

5 明後日は彼の誕生日です。

모레_____ 그 사람 생일_____.

4 下線部に適切な語句を入れて、「～ではありません（か?）」という文を完成させましょう。

1 これはわたしのものではありません。（ハムニダ体）

이것은 내 것_____ _____.

2 実力は普通ではありません。（ハムニダ体）

실력이 보통_____ _____.

3 これは先生の携帯電話ではありませんか?（ハムニダ体）

이것은 선생님 휴대폰_____ _____.

4 ここはわたしの席ではありませんか?（ヘヨ体）

여기는 내 자리____ _____.

5 彼の過ちではありません。（ヘヨ体）

그 사람 잘못____ _____.

5 例を参考に、各単語に語尾をつけて表を完成させましょう。

	ㅂ니다/습니다 （ハムニダ体）	아/어요 （ヘヨ体）
例 받다（もらう）	받습니다	받아요
① 가다（行く）		
② 오다（来る）		
③ 내다（出す）		
④ 먹다（食べる）		
⑤ 마시다（飲む）		
⑥ 주다（やる、もらう）		
⑦ 켜다（つける）		
⑧ 되다（なる）		
⑨ 쉬다（休む）		
⑩ 하다（する）		
⑪ 좋다（よい）		
⑫ 멀다（遠い）		
⑬ 세다（強い）		
⑭ 있다（ある、いる）		
⑮ 없다（ない、いない）		
⑯ 이다（〜だ、〜である）		パッチムなし　パッチムあり
⑰ 아니다（〜ではない）		

6 カッコ内の単語を活用させて、「〜ます、します、〜です」というハムニダ体の文を完成させましょう。

① 夏に友達と一緒に旅行に行きます。（行く　가다）
여름에 친구와 같이 여행을 ＿＿＿＿＿＿＿.

② 日曜日には韓国語を勉強します。（勉強する　공부하다）
일요일에는 한국어를 ＿＿＿＿＿＿＿.

③ 友達がソウルに住んでいますか？（住む　살다）
친구가 서울에 ＿＿＿＿＿＿＿

④ このキムチはとても辛いです。（辛い　맵다）
이 김치는 아주 ＿＿＿＿＿＿＿.

⑤ 彼は本当に性格がいいです。（いいです　좋다）
그 사람은 정말 성격이 ＿＿＿＿＿＿＿.

7 カッコ内の単語を活用させて、「〜ます、します、〜です」というヘヨ体の文を完成させましょう。

① 楽しく韓国語を勉強しましょう。（勉強する　공부하다）
즐겁게 한국말을 ＿＿＿＿＿＿＿.

② 土曜日にはスポーツジムに通っています。（通う　다니다）
토요일에는 헬스장에 ＿＿＿＿＿＿＿.

③ 今度の夏に韓国から友達が来ますか？（来る　오다）
이번 여름에 한국에서 친구가 ＿＿＿＿＿＿＿

④ 誰と一緒に遊びますか？（遊ぶ　놀다）
누구와 같이 ＿＿＿＿＿＿＿

⑤ 体調は大丈夫ですか？（大丈夫だ　괜찮다）
몸은 ＿＿＿＿＿＿＿

8 下線部に適切な漢数詞と固有数詞をハングルで入れて、文を完成させましょう。

① 料金は2万5000ウォンです。

요금은 ＿＿＿＿＿만 ＿＿＿＿＿천 원입니다.

② 友達は35歳です。

친구는 ＿＿＿＿＿＿＿＿＿ 살이에요.

③ ミカン1個とリンゴ2個を買います。

귤 ＿＿＿＿＿ 개와 사과 ＿＿＿＿＿＿ 개를 삽니다.

④ 水曜日の午後4時に会いましょう。

수요일 오후 ＿＿＿＿＿ 시에 만나요.

⑤ 誕生日は6月16日です。

생일은 ＿＿＿＿＿월 ＿＿＿＿＿＿＿ 일이에요.

9 下線部に適切な語句を入れて、「います（か?）、あります（か?）」、「いません（か?）、ありません（か?）」という文を完成させましょう。**①**〜**③**はハムニダ体、**④**〜**⑤**はヘヨ体にしてみましょう。

① 今週末は約束があります。（ハムニダ体）

이번 주말은 약속＿＿＿＿ ＿＿＿＿＿＿＿＿＿.

② 今日は時間がありますか?（ハムニダ体）

오늘은 시간＿＿＿＿ ＿＿＿＿＿＿＿＿＿＿

③ この近くに郵便局がありませんか?（ハムニダ体）

이 근처에 우체국＿＿＿＿ ＿＿＿＿＿＿＿＿

④ 入り口はどこにありますか?（ヘヨ体）

입구가 어디에 ＿＿＿＿＿＿＿＿＿＿

⑤ デパートの前に交番があります。（ヘヨ体）

백화점 앞에 파출소＿＿＿＿ ＿＿＿＿＿＿＿＿.

《 解 答 》

1　❶는　❷은　❸가　❹이　❺를　❻을　❼에게　❽에　（→Lesson11～14参照）

2　❶는/입니다　❷은/입니다　❸은/입니까?　❹는/입니까?　❺는/입니다

　　❻은/입니다（→Lesson11参照）

3　❶은/예요　❷이/이에요　❸이에요?　❹은/이에요?　❺는/이에요（→Lesson11参照）

4　❶이/아닙니다　❷이/아닙니다　❸이/아닙니까?　❹가/아니에요?　❺이/아니에요

　　（→Lesson12参照）

5　❶갑니다/가요　❷옵니다/와요　❸냅니다/내요　❹먹습니다/먹어요

　　❺마십니다/마셔요　❻줍니다/줘요　❼켭니다/켜요　❽됩니다/돼요

　　❾쉽니다/쉬어요　❿합니다/해요　⓫좋습니다/좋아요　⓬멉니다/멀어요

　　⓭셉니다/세요　⓮있습니다/있어요　⓯없습니다/없어요

　　⓰입니다/（パッチムなし）예요（パッチムあり）이에요

　　⓱아닙니다/아니에요（→Lesson14～15参照）

6　❶갑니다　❷공부합니다　❸삽니까?　❹맵습니다　❺좋습니다（→Lesson14参照）

7　❶공부해요　❷다녀요　❸와요?　❹놀아요?　❺괜찮아요?（→Lesson15参照）

8　❶이/오　❷서른다섯　❸한/두　❹네　❺유/십육（→Lesson16参照）

9　❶이/있습니다　❷이/있습니까?　❸이/없습니까?　❹있어요?　❺가/있어요

　　（→Lesson13参照）

韓国語の文を作るときは
パッチムの有無や語幹の形に
注意しましょう!

ハムニダ体とヘヨ体の
それぞれの形を
確認してみましょう!

🎤 18

〜ません、〜くありません
안+用言<ruby>アン<rt></rt></ruby>

Lesson14 〜 15で学んだ活用を思い出しながら、안 먹어요（<ruby>アン<rt></rt></ruby> <ruby>モゴヨ<rt></rt></ruby>）「食べません」、오지 않아요（<ruby>オジ<rt></rt></ruby> <ruby>アナヨ<rt></rt></ruby>）「来ません」のような否定の表現を学びましょう。

〜ません、〜くありません

会社に行きません。

회사에 안 가요.
フェサエ　アン　ガヨ
会社　に　しない　行きます

?をつけると「〜ませんか?」という疑問文になります。

안（<ruby>アン<rt></rt></ruby>）は英語の"not"のように、後ろの用言を否定します。

안（<ruby>アン<rt></rt></ruby>）　+　**가다**（<ruby>カダ<rt></rt></ruby>）

〜しない　　　　行く

→ 行きません

否定の表現は、用言の前に안（<ruby>アン<rt></rt></ruby>）をつけて表します。안（<ruby>アン<rt></rt></ruby>）は「〜しない、〜くない」という否定の意味の副詞아니（<ruby>アニ<rt></rt></ruby>）の縮約形です。

Check!

「名詞+하다（<ruby>ハダ<rt></rt></ruby>）」動詞は안（<ruby>アン<rt></rt></ruby>）の位置に注意!

운동하다（<ruby>ウンドンハダ<rt></rt></ruby>）「運動する」、공부하다（<ruby>コンブハダ<rt></rt></ruby>）「勉強する」のような「名詞＋하다（<ruby>ハナ<rt></rt></ruby>）」の形の動詞は、안（<ruby>アン<rt></rt></ruby>）を하다（<ruby>ハダ<rt></rt></ruby>）の前につけるので注意しましょう。

例　**운동하다**（<ruby>ウンドンハダ<rt></rt></ruby>）　運動する

→運動しません

〇　**운동 안 해요**（<ruby>ウンドン ア ネヨ<rt></rt></ruby>）　　✕　**안 운동해요**（<ruby>アン ウンドンヘヨ<rt></rt></ruby>）

【 例文 】

1 私は食べません。
チョヌン　アン　モゴヨ
저는 안 먹어요.

2 駅まで遠くありませんか?
ヨッカジ　アン　モロヨ
역까지 안 멀어요?

3 明日は忙しくありません。
ネイルン　アン　バップムニダ
내일은 안 바쁩니다.

4 まだバスが来ません。
アジク　ボスガ　ア　ヌァヨ
아직 버스가 안 와요.

5 今日は勉強しません。
オヌルン　コンブ　ア　ネヨ
오늘은 공부 안 해요.

6 これより辛くありませんか?
イゴッボダ　アン　メウォヨ
이것보다 안 매워요?

～ません、～くありません

学校に行きません。
ハッキョエ　カジ　アナヨ
학교에 가지 않아요.
学校 に 行 きません

語幹にそのまま지 않아요をつけます。
チ　アナヨ

カダ
가다
行く

+ 지 않아요
チ　アナヨ
～ません

→ 行きません

　用言の否定の表現は、語幹に지 않다をつけて活用させる方法もあります。않다
はハムニダ体は않습니다、ヘヨ体は않아요となります。「안＋用言」よりも丁寧な
印象になり、フォーマルな場面でよく使われます。

Check!

않の二重パッチムに注意!

　안のパッチム「ᄚ」は二重パッチム（→P23）の
ため、左側の「ㄴ」のみ発音します。않아요の場
合は連音化（→P25）と「ᄒ」の弱音化（→P28）
が起こって아나요と発音します。

〔 例文 〕

1 まだ起きません。
アジク イロナジ アナヨ
아직 일어나지 않아요.

2 音が聞こえません。
ソリガ トゥルリジ アナヨ
소리가 들리지 않아요.

3 そんなに重くありません。
クロケ ムゴプチ アナヨ
그렇게 무겁지 않아요.

4 とても高くありませんか？
ノム ピッサジ アナヨ
너무 비싸지 않아요?

5 昨日より暑くありませんか？
オジェボダ トプチ アナヨ
어제보다 덥지 않아요?

6 遅刻しません。
チガカジ アナヨ
지각하지 않아요.

+α 助詞「〜より」

「〜より」という比較の対象を表す助詞は보다ボダを使います。

〜より	ボダ 보다	例	チョボダ 저보다 ／ 私より	イゴッボダ 이것보다 ／ これより	チャンニョンボダ 작년보다 昨年より

Check!

「안アン＋用言」が使えない単語

存在詞の있다イッタ「ある、いる」と動詞の알다アルダ「知る、わかる」は、それぞれ없다オプタ「ない、いない」と모르다モルダ「知らない、わからない」という反対の意味を表す単語があるため、「안アン＋用言」の否定表現を使いません。

いろんな動詞や形容詞を
否定の形にしてみましょう！

単語帳　音 소리ソリ / 聞こえる 들리다トゥルリダ / そんなに 그렇게クロケ / 重い 무겁다ムゴプタ / とても 너무ノム / （価格が）高い
비싸다ピッサダ / 昨日 어제オジェ / 暑い 덥다トプタ / 遅刻する 지각하다チガカダ

練習

1　単語をカッコ内の語句に従って、ヘヨ体の否定の形にしてみましょう。

1. 멀다 (遠い) (안) _____

2. 지각하다 (遅刻する) (지 않다) _____

3. 오다 (来る) (안) _____

4. 덥다 (暑い) (지 않다) _____

5. 가다 (行く) (안) _____

6. 바쁘다 (忙しい) (지 않다) _____

7. 맵다 (辛い) (지 않다) _____

8. 공부하다 (勉強する) (안) _____

9. 비싸다 (高い) (안) _____

10. 무겁다 (重い) (지 않다) _____

2　지 않다を使い、日本語に合わせてヘヨ体の文を作りましょう。

1. 昨日より忙しくありません。　바쁘다 (忙しい)

⇒어제보다 _____.

2. まだ友達が来ません。　오다 (来る)

⇒아직 친구가 _____.

....

《 解 答 》

1 　❶ 안 멀어요 ❷ 지각하지 않아요 ❸ 안 와요 ❹ 덥지 않아요 ❺ 안 가요 ❻ 바쁘지 않아요
　　❼ 맵지 않아요 ❽ 공부 안 해요 ❾ 안 비싸요 ❿ 무겁지 않아요

2 　❶ 바쁘지 않아요 ❷ 오지 않아요

🎤19

～ました、でした
語幹＋<ruby>았<rt>アッ</rt></ruby>/<ruby>었습니다<rt>オッスムニダ</rt></ruby>（<ruby>았<rt>アッ</rt></ruby>/<ruby>었어요<rt>オッソヨ</rt></ruby>）

llllllllllllllllllllllllllllllllllllllllllllllllllllllllllllllllllllllllllllllllllllll

　　Lesson14 ～ 15で学んだ用言の活用を応用させて、<ruby>갔습니다<rt>カッスムニダ</rt></ruby>「行きました」、
<ruby>찍었어요<rt>ッチゴッソヨ</rt></ruby>「撮りました」のような過去表現を学びましょう。

～ました、～でした

●**陽母音語幹用言の場合**：<ruby>았습니다<rt>アッスムニダ</rt></ruby>/<ruby>았어요<rt>アッソヨ</rt></ruby>をつける

| 作り方 | <ruby>받다<rt>パッタ</rt></ruby> もらう |

| ハムニダ体 | <ruby>받<rt>パッ</rt></ruby> ＋ <ruby>았습니다<rt>アッスムニダ</rt></ruby> → <ruby>받았습니다<rt>パダッスムニダ</rt></ruby> |
語幹　　　　　　　　　　　　　　もらいました

| ヘヨ体 | <ruby>받<rt>パッ</rt></ruby> ＋ <ruby>았어요<rt>アッソヨ</rt></ruby> → <ruby>받았어요<rt>パダッソヨ</rt></ruby> |
語幹　　　　　　　　　　　　もらいました

●**陰母音語幹用言の場合**：<ruby>었습니다<rt>オッスムニダ</rt></ruby>/<ruby>었어요<rt>オッソヨ</rt></ruby>をつける

| 作り方 | <ruby>먹다<rt>モクタ</rt></ruby> 食べる |

| ハムニダ体 | <ruby>먹<rt>モク</rt></ruby> ＋ <ruby>었습니다<rt>オッスムニダ</rt></ruby> → <ruby>먹었습니다<rt>モゴッスムニダ</rt></ruby> |
語幹　　　　　　　　　　　　　　食べました

| ヘヨ体 | <ruby>먹<rt>モク</rt></ruby> ＋ <ruby>었어요<rt>オッソヨ</rt></ruby> → <ruby>먹었어요<rt>モゴッソヨ</rt></ruby> |
語幹　　　　　　　　　　　　食べました

陽母音語幹と陰母音語幹については
Lesson9（→P32）を確認しましょう！

● 하다用言の場合：語幹末の 하 を 했습니다 / 했어요 にする

作り方　**공부하다** 勉強する

ハムニダ体　**공부하** → 공부**했습니다**

語幹

勉強しました

／했습니다になる＼

ヘヨ体　**공부하** → 공부**했어요**

語幹

勉強しました

／했어요になる＼

用言の過去形は、語幹末の母音が陽母音（ㅏ・ㅗ）の場合は語幹に 았습니다 / 았어요 を、陰母音（ㅏ・ㅗ以外）の場合は 었습니다 / 었어요 をつけます。하다用言の場合は 했습니다 / 했어요 となります。なお、母音が脱落したり、結合する縮約形のパターンは、Lesson15（→P59）を参考にしましょう。

Check!

指定詞の過去形

指定詞 **이다**「～だ」のヘヨ体の過去形は、名詞の最後にパッチムがない場合は **였어요**、ある場合は **이었어요** をつけて表します。

例　友達でした。（パッチムなし）

친구였어요.

例　誕生日でした。（パッチムあり）

생일이었어요.

【 例文 】

1 アメリカで留学をしました。
ミグゲソ　ユハグル　ヘッスムニダ
미국에서 유학을 했습니다.

2 景色がとてもよかったです。
キョンチガ　ノム　チョアッスムニダ
경치가 너무 좋았습니다.

3 日本から来ました。
イルボネソ　ワッスムニダ
일본에서 왔습니다.

4 今日の営業は終わりましたか？
オヌル　ヨンオブン　クンナッスムニッカ
오늘 영업은 끝났습니까?

5 病院に行きませんでした。
ビョンウォネ　アン　ガッソヨ
병원에 안 갔어요.

6 映画がおもしろくありませんでした。
ヨンファガ　チェミオプソッソヨ
영화가 재미없었어요.

母音の脱落・結合パターンは
Lesson15(→P59) を確認しましょう。

+α 助詞「〜で（場所）」「〜から（始点）」

日本語の「〜で」にあたる動作が行われる場所を表す助詞と、「〜から」にあたる空間的な始点を表す助詞は에서を使います。

	エソ		
〜で（場所）	에서	例	チベソ　　　　ハングゲソ　　　　トキョエソ 집에서 / 한국에서 / 도쿄에서 家で　　　　韓国で　　　　東京で
〜から（始点）		例	ハッキョエソ　　　イルボネソ　　　ソウレソ 학교에서 / 일본에서 / 서울에서 学校から　　　日本から　　　ソウルから

+α 助詞「〜から（人）」

「〜から」という行動の起点を表す助詞は에게서を使います。

	エゲソ		
〜から（人）	에게서	例	アボジエゲソ　　　　チングエゲソ 아버지에게서 / 친구에게서 父から　　　　友達から

単語帳 アメリカ ミグ国/留学 ユハ/景色 キョンチ/いい チョタ/営業 ヨンオブ/終わる クンナダ/映画 ヨンファ영화
おもしろくない チェミオプ/たくさん マニ많이/結婚する キョロナダ/宿題 スクチェ숙제

練習

1 下の語句から適切なもの選んで下線部に当てはめましょう。

> 에서　에게서

1 アメリカから来ました。　　　　　미국＿＿＿＿＿＿ 왔어요.

2 家で会いましょう。　　　　　　　집＿＿＿＿＿＿ 만나요.

3 日本から来ました。　　　　　　　일본＿＿＿＿＿＿ 왔어요.

4 友達からもらいました。　　　　　친구＿＿＿＿＿＿＿ 받았어요.

2 日本語に合わせてヘヨ体の文を作りましょう。

1 朝からたくさん食べました。　먹다（食べる）

⇒아침부터 많이 ＿＿＿＿＿＿＿＿＿＿＿＿＿＿＿＿＿＿＿＿＿.

2 昨日友達に会いました。　만나다（会う）

⇒어제 친구를 ＿＿＿＿＿＿＿＿＿＿＿＿＿＿＿＿＿＿＿＿＿.

3 どこから来ましたか？　오다（来る）

⇒어디에서 ＿＿＿＿＿＿＿＿＿＿＿＿＿＿＿＿＿＿＿＿＿

4 去年結婚しました。　결혼하다（結婚する）

⇒작년에 ＿＿＿＿＿＿＿＿＿＿＿＿＿＿＿＿＿＿＿＿＿.

5 宿題は終わりましたか？　끝나다（終わる）

⇒숙제는 ＿＿＿＿＿＿＿＿＿＿＿＿＿＿＿＿＿＿＿＿＿

. . . .

《 解 答 》

1　1 에서　2 에서　3 에서　4 에게서

2　1 먹었어요　2 만났어요　3 왔어요?　4 결혼했어요　5 끝났어요?

🎙20

～されます（ハムニダ体）
語幹＋(으)십니다

韓国語は日本語と同じように敬語表現があり、年長者や目上の人、初対面の人に対して使われます。まずはハムニダ体の尊敬表現から学びましょう。

～されます（ハムニダ体）

● **語幹末にパッチムがない場合：** 십니다（シムニダ）をつける

作り方 **가다**（カダ） 行く

가（カ）＋ 십니다（シムニダ） → 가십니다（カシムニダ）
語幹
お行きになります

● **語幹末にパッチムがある場合：** 으십니다（ウシムニダ）をつける

作り方 **찾다**（チャッタ） 探す

찾（チャッ）＋ 으십니다（ウシムニダ） → 찾으십니다（チャズシムニダ）
語幹
お探しです

● **語幹末が ㄹパッチムの場合：** ㄹをとって 십니다（シムニダ）をつける

作り方 **살다**（サルダ） 住む（暮らす）

사̶ㄹ（サル）＋ 십니다（シムニダ） → 사십니다（サシムニダ）
語幹
ㄹをとる
お住まいです

다（ダ）を 까?（ッカ）に変えれば疑問文になります。

ハムニダ体の尊敬形は用言の語幹末にパッチムがないときは<ruby>십니다<rt>シムニダ</rt></ruby>、あるときは<ruby>으십니다<rt>ウシムニダ</rt></ruby>を語幹につけます。語幹末が a パッチムの場合は a をとって<ruby>십니다<rt>シムニダ</rt></ruby>をつけます。なお、ハムニダ体の名詞文の尊敬形は、名詞の後ろに(<ruby>이<rt>イ</rt></ruby>)<ruby>십니다<rt>シムニダ</rt></ruby>「～でいらっしゃる」をつけて表します。

【 例文 】

① ドラマをご覧になります。
<ruby>드라마를<rt>トゥラマルル</rt></ruby> <ruby>보십니다<rt>ポシムニダ</rt></ruby>.

② 新聞をお読みになります。
<ruby>신문을<rt>シンムヌル</rt></ruby> <ruby>읽으십니다<rt>イルグシムニダ</rt></ruby>.

③ 祖母はお休みになっています。
<ruby>할머니께서는<rt>ハルモニッケソヌン</rt></ruby> <ruby>주무십니다<rt>チュムシムニダ</rt></ruby>.

④ 先生でいらっしゃいます。
<ruby>선생님이십니다<rt>ソンセンニミシムニダ</rt></ruby>.

+α 尊敬語

日本語の「話す」が「おっしゃる」になるように、韓国語の尊敬形にも特殊な形になる言葉があります。また、韓国語では助詞も尊敬語になる場合もあるため、合わせて覚えましょう。

普通語	尊敬語	普通語	尊敬語
<ruby>먹다<rt>モクタ</rt></ruby>（食べる） <ruby>마시다<rt>マシダ</rt></ruby>（飲む）	<ruby>드시다<rt>トゥシダ</rt></ruby> （召し上がる）	<ruby>자다<rt>チャダ</rt></ruby>（寝る）	<ruby>주무시다<rt>チュムシダ</rt></ruby> （お休みになる）
<ruby>말하다<rt>マラダ</rt></ruby>（言う）	<ruby>말씀하시다<rt>マルッスマシダ</rt></ruby> （おっしゃる）	<ruby>죽다<rt>チュクタ</rt></ruby>（死ぬ）	<ruby>돌아가시다<rt>トラガシダ</rt></ruby> （お亡くなりになる）
<ruby>있다<rt>イッタ</rt></ruby>（いる）	<ruby>계시다<rt>ケシダ</rt></ruby> （いらっしゃる）	<ruby>없다<rt>オプタ</rt></ruby>（いない）	<ruby>안 계시다<rt>アン ゲシダ</rt></ruby> （いらっしゃらない）
<ruby>이름<rt>イルム</rt></ruby>（名前）	<ruby>성함<rt>ソンハム</rt></ruby>（お名前）	<ruby>나이<rt>ナイ</rt></ruby>（歳）	<ruby>연세<rt>ヨンセ</rt></ruby>（お歳）
<ruby>는 / 은<rt>ヌン ウン</rt></ruby>（～は）	<ruby>께서는<rt>ッケソヌン</rt></ruby>（～は）	<ruby>가 / 이<rt>カ イ</rt></ruby>（～が）	<ruby>께서<rt>ッケソ</rt></ruby>（～が）

単語帳 ドラマ <ruby>드라마<rt>トゥラマ</rt></ruby> / 新聞 <ruby>신문<rt>シンムン</rt></ruby> / 読む <ruby>읽다<rt>イクタ</rt></ruby> / 祖母、おばあさん <ruby>할머니<rt>ハルモニ</rt></ruby>

〜されました（ハムニダ体）

● **語幹末にパッチムがない場合：**ショッスムニダ셨습니다をつける

作り方　일어나다 起きる

イロナ　　　ショッスムニダ　　　イロナショッスムニダ
일어나 + 셨습니다 → 일어나셨습니다
語幹　　　　　　　　　起きられました

● **語幹末にパッチムがある場合：**ウショッスムニダ으셨습니다をつける

作り方　バッタ받다 受ける（もらう）

パッ　　　ウショッスムニダ　　　バドゥショッスムニダ
받 + 으셨습니다 → 받으셨습니다
語幹　　　　　　　　　お受けになりました

ダ　ッカ
다を까?に変えれば
「〜されましたか?」
という疑問文に
なります。

● **語幹末がㄹパッチムの場合：**ㄹをとってショッスムニダ셨습니다をつける

作り方　アルダ알다 知る（わかる）

アル　　　ショッスムニダ　　　アショッスムニダ
알 + 셨습니다 → 아셨습니다
語幹　　　　　　　　　ご存知でした
／ㄹをとる＼

　過去形は用言の語幹末にパッチムがない場合はショッスムニダ셨습니다、ある場合はウショッスムニダ으셨습니다をつけます。語幹末がㄹパッチムのときはㄹをとってショッスムニダ셨습니다をつけます。

【 例文 】

1 お元気でしたか？
チャル　チネショッスムニッカ
잘 지내셨습니까?

2 夕食を召し上がりましたか？
チョニョグル　トゥショッスムニッカ
저녁을 드셨습니까?

3 先生は教室にいらっしゃいませんでした。
ソンセンニムン　キョシレ　アン　ゲショッスムニダ
선생님은 교실에 안 계셨습니다.

単語帳　よくチャル잘 / 過ごすチネダ지내다 / 夕食、夕方チョニョク저녁 / スマートフォンヘンドゥポン핸드폰 / 待つキダリダ기다리다 / 社長
サジャンニム사장님

練習

1 下の語句から適切なもの選んで下線部に当てはめましょう。

> 십니다　으십니까　으셨습니다　셨습니까

① スマートフォンをお探しですか？　　　핸드폰을 찾_____?

② 先生は全部ご存知です。　　　선생님은 다 아_____.

③ 手紙をお読みになりました。　　　편지를 읽_____.

④ ドラマをご覧になりましたか？　　　드라마를 보_____?

2 単語を尊敬形（ハムニダ体）にしてみましょう。尊敬の意味を表す単語に変える場合もあるので、注意しましょう。

① 있다（いる）_____　　② 먹다（食べる）_____

③ 자다（寝る）_____　　④ 알다（知る）_____

3 日本語に合わせて尊敬の文を作りましょう。

① 先生がお待ちになっています。　　기다리다（待つ）

⇒선생님께서 _____.

② このドラマをご覧になりましたか？　　보다（見る）

⇒이 드라마를 _____

③ 社長は韓国にいらっしゃいません。　　안 계시다（いらっしゃらない）

⇒사장님께서는 한국에 _____.

《 解 答 》

1　① 으십니까　② 십니다　③ 으셨습니다　④ 셨습니까

2　① 계십니다　② 드십니다　③ 주무십니다　④ 아십니다

3　① 기다리십니다　② 보셨습니까?　③ 안 계십니다

～されます（ヘヨ体）
語幹＋(으)세요

Lesson19ではハムニダ体の尊敬形を紹介しましたが、ここでは日常会話や接客などで使われるヘヨ体の尊敬形を学びましょう。

～されます（ヘヨ体）

● **語幹末にパッチムがない場合**：세요をつける

作り方　보다 ^{ポダ} 見る

보 + 세요 → 보세요
^ポ 語幹 ^{セヨ}　　^{ポセヨ}
ご覧になります

● **語幹末にパッチムがある場合**：으세요をつける

作り方　앉다 ^{アンタ} 座る

앉 + 으세요 → 앉으세요
^{アン} 語幹 ^{ウセヨ}　　^{アンズセヨ}
お座りになります

● **語幹末がㄹパッチムの場合**：ㄹをとって세요をつける

作り方　팔다 ^{パルダ} 売る

팔 + 세요 → 파세요
^{パル} 語幹 ^{セヨ}　　^{パセヨ}
ㄹをとる　　お売りになります

?をつけると「～されますか？」という
丁寧な疑問文になります。

86

　ヘヨ体の尊敬形は、用言の語幹末にパッチムがない場合は세요、ある場合は으세요を語幹につけます。語幹末がㄹパッチムの場合はㄹをとって세요をつけます。ヘヨ体の名詞文の尊敬形は、名詞の後ろに(이)세요「〜でいらっしゃる」をつけて表します。

【 例文 】

① 家に行かれます。
　집에 가세요.
（チベ　カセヨ）

② 指輪がとてもおきれいです。
　반지가 너무 예쁘세요.
（バンジガ　ノム　イェップセヨ）

③ どんな服をお探しですか？
　어떤 옷을 찾으세요?
（オットン　ノスル　チャズセヨ）

④ 日本語をご存知ですか？
　일본어를 아세요?
（イルボノルル　アセヨ）

⑤ コーヒーがお好きですか？
　커피를 좋아하세요?
（コピルル　チョアハセヨ）

⑥ 韓国の方ですか？
　한국 분이세요?
（ハングク　ブニセヨ）

⑦ 来週水曜日にもう一度来てください。
　다음 주 수요일에 다시 오세요.
（タウム　チュ　スヨイレ　タシ　オセヨ）

Check!

丁寧な命令表現でも使われる

　ヘヨ体の尊敬形は、가세요「行ってください」、보세요「ご覧ください」のように、丁寧な命令表現としても使われます。日常のあいさつや接客の場面でよく使われるため、覚えておきましょう。

例 美味しく召し上がってください。
　맛있게 드세요.
（マシッケ　トゥセヨ）

例 さようなら（気を付けてお帰りください）。
　조심히 가세요.
（チョシミ　カセヨ）

単語帳　指輪 반지（バンジ）/ きれいだ 예쁘다（イェップダ）/ 日本語 일본어（イルボノ）/ コーヒー 커피（コピ）/ 好きだ 좋아하다（チョアハダ）/ 方 분（ブン）/ また、再び 다시（タシ）

87

〜されました（ヘヨ体）

● **語幹末にパッチムがない場合：셨어요[ショッソヨ]をつける**

作り方 타다[タダ] 乗る

타[タ] ＋ 셨어요[ショッソヨ] → 타셨어요[タショッソヨ]
語幹　　　　　　　　　　　　　お乗りになりました

● **語幹末にパッチムがある場合：으셨어요[ウショッソヨ]をつける**

作り方 읽다[イクタ] 読む

읽[イク] ＋ 으셨어요[ウショッソヨ] → 읽으셨어요[イルグショッソヨ]
語幹　　　　　　　　　　　　　　　　お読みになりました

?をつけると
「〜されましたか?」
という丁寧な
疑問文になります。

● **語幹末がㄹパッチムの場合：ㄹをとって셨어요[ショッソヨ]をつける**

作り方 만들다[マンドゥルダ] 作る

만들[マンドゥル] ＋ 셨어요[ショッソヨ] → 만드셨어요[マンドゥショッソヨ]
語幹　　　　　　　　　　　　　　　　　お作りになりました
／ㄹをとる＼

　　ヘヨ体の尊敬形の過去形は、用言の語幹末にパッチムがない場合は셨어요[ショッソヨ]、ある場合は으셨어요[ウショッソヨ]をつけます。語幹末がㄹパッチムの場合はㄹをとって셨어요[ショッソヨ]をつけます。

【 例文 】

① 傘を買われました。
우산을[ウサンヌル] 사셨어요[サショッソヨ].

② 一人で大丈夫でしたか？
혼자서[ホンジャソ] 괜찮으셨어요[クェンチャヌショッソヨ]?

③ 旅行はおもしろかったですか？
여행은[ヨヘヌン] 재미있으셨어요[チェミイッスショッソヨ]?

④ よく休まれましたか？
잘[チャル] 주무셨어요[チュムショッソヨ]?

単語帳 傘 우산[ウサン]／一人で 혼자서[ホンジャソ]／大丈夫だ 괜찮다[クェンチャンタ]／旅行 여행[ヨヘン]／おもしろい 재미있다[チェミイッタ]

練習

1 下の語句から適切なもの選んで下線部に当てはめましょう。

> 세요　　으세요　　셨어요　　으셨어요

1 先生はお忙しいです。　　　　　선생님은 바쁘＿＿＿＿＿＿＿.

2 カバンをお買いになりました。　가방을 사＿＿＿＿＿＿＿.

3 一人で大丈夫ですか?　　　　　혼자서 괜찮＿＿＿＿＿?

4 旅行はおもしろかったですか?　여행은 재미있＿＿＿＿＿?

2 単語を尊敬形（ヘヨ体）にしてみましょう。特殊な形の尊敬語 （→P83）に変える場合もあるので、注意しましょう。

1 있다（いる）　＿＿＿＿＿＿＿　　**2** 먹다（食べる）　＿＿＿＿＿＿＿

3 자다（寝る）　＿＿＿＿＿＿＿　　**4** 알다（知る）　＿＿＿＿＿＿＿

3 日本語に合わせて尊敬のヘヨ体の文を作りましょう。

1 どんな靴をお探しですか?　**찾다**（探す）

⇒어떤 구두를 ＿＿＿＿＿＿＿＿＿＿＿＿＿＿＿＿＿＿

2 一人でお作りになりました。　**만들다**（作る）

⇒혼자서 ＿＿＿＿＿＿＿＿＿＿＿＿＿＿＿＿＿＿＿＿＿＿.

3 映画をご覧になりましたか?　**보다**（見る）

⇒영화를 ＿＿＿＿＿＿＿＿＿＿＿＿＿＿＿＿＿＿＿＿＿＿

・・

《 解 答 》

1　❶세요　❷셨어요　❸으세요　❹으셨어요

2　❶계세요　❷드세요　❸주무세요　❹아세요

3　❶찾으세요?　❷만드셨어요　❸보셨어요?

1 「〜しません、〜くありません」の否定の表現を使ってヘヨ体の文を完成させましょう。❶〜❹は안を使って、❺〜❾は지 않다を使いましょう。

❶ この列車は仁川空港へは行きません。（行く　가다）
이 열차는 인천공항에는 ＿＿＿＿＿＿＿＿＿＿＿＿＿＿ .

❷ 今日は体の具合がよくありません。（よい　좋다）
오늘은 몸이 ＿＿＿＿＿＿＿＿＿＿＿ .

❸ 本日先生はいらっしゃいません。（いらっしゃる　계시다）
오늘 선생님은 ＿＿＿＿＿＿＿＿＿＿ .

❹ まだ荷物が到着しません。（到着する　도착하다）
아직 짐이 ＿＿＿＿＿＿＿＿＿＿ .

❺ 最近は忙しくありません。（忙しい　바쁘다）
요즘은 ＿＿＿＿＿＿＿＿＿ .

❻ 誰も電話に出ません。（（電話に）出る　받다）
아무도 전화를 ＿＿＿＿＿＿＿＿＿ .

❼ 今日は寒くありません。（寒い　춥다）
오늘은 ＿＿＿＿＿＿＿＿＿ .

❽ この問題は難しくありません。（難しい　어렵다）
이 문제는 ＿＿＿＿＿＿＿＿＿ .

❾ コーヒーが好きではありません。（好きだ　좋아하다）
커피를 ＿＿＿＿＿＿＿＿ .

2　例を参考に、各単語に語尾をつけて表を完成させましょう。

	았/었습니다 （ハムニダ体）	았/었어요 （ヘヨ体）
例 받다 （もらう）	받았습니다	받았어요
1 가다 （行く）		
2 오다 （来る）		
3 내다 （出す）		
4 먹다 （食べる）		
5 마시다 （飲む）		
6 주다 （やる、もらう）		
7 켜다 （つける）		
8 되다 （なる）		
9 쉬다 （休む）		
10 하다 （する）		
11 좋다 （よい）		
12 멀다 （遠い）		
13 세다 （強い）		
14 있다 （ある、いる）		
15 없다 （ない、いない）		
16 이다（〜だ、〜である）	パッチムなし　パッチムあり ／	パッチムなし　パッチムあり ／
17 아니다 （〜ではない）		

3 カッコ内の単語を活用させて、「〜しました、〜でした」というハムニダ体の文を完成させましょう。❺は지 않다を使いましょう。

❶ 夕食にサムギョプサルを食べました。（食べる　먹다）

저녁에 삼겹살을 _____.

❷ 部屋には誰もいませんでした。（いない　없다）

방에는 아무도 _____.

❸ 友達と一緒に旅行しました。（旅行する　여행하다）

친구와 같이 _____.

❹ 去年はまだ学生でした。（学生　학생）

작년에는 아직 _____.

❺ 昨日会社に来ませんでした。（来る　오다）

어제 회사에 _____.

4 カッコ内の単語を活用させて、「〜しました、〜でした」というヘヨ体の文を完成させましょう。❺は안を使いましょう。

❶ ソウル駅で地下鉄に乗りました。（乗る　타다）

서울역에서 지하철을 _____.

❷ 誕生日のケーキを作りました。（作る　만들다）

생일 케이크를 _____.

❸ 週末に運動しました。（運動する　운동하다）

주말에 _____.

❹ 彼は俳優ではありませんでした。（違う　아니다）

그 사람은 배우가 _____.

❺ 昨日学校に行きませんでした。（行く　가다）

어제 학교에 _____.

5 尊敬の表現を使って、ハムニダ体の文を完成させましょう。

① 先生は研究室にいらっしゃいます。（いらっしゃる　계시다）
선생님은 연구실에 ＿＿＿＿＿＿.

② 夕食を召し上がりましたか？（召し上がる　드시다）
저녁을 ＿＿＿＿＿＿

③ お父様が新聞を読んでいらっしゃいます。（読む　읽다）
아버님이 신문을 ＿＿＿＿＿＿.

④ お母様は病院で働かれています。（働く　일하다）
어머님은 병원에서 ＿＿＿＿＿＿.

⑤ 祖母は今休んでいらっしゃいます。（お休みになる　주무시다）
할머니는 지금 ＿＿＿＿＿＿.

⑥ 社長は出発されました。（出発する　출발하다）
사장님은 ＿＿＿＿＿＿.

⑦ このようにおっしゃいました。（おっしゃる　말씀하시다）
이렇게 ＿＿＿＿＿＿.

⑧ 10年前、韓国にお住まいでした。（住む　살다）
10년전에 한국에서 ＿＿＿＿＿＿.

⑨ 記念写真をお撮りになりました。（撮る　찍다）
기념 사진을 ＿＿＿＿＿＿.

⑩ 先生は先に行かれました。（行く　가다）
선생님은 먼저 ＿＿＿＿＿＿.

⑪ 昨日お電話なさいましたか？（電話する　전화하다）
어제 ＿＿＿＿＿＿

6 尊敬の表現を使って、ヘヨ体の文を完成させましょう。

1 今、お時間はございますか？ （ある　있다）

지금 시간이 ＿＿＿＿＿＿＿＿＿＿＿

2 今、どちらにお住まいですか？ （住む　살다）

지금 어디 ＿＿＿＿＿＿＿＿＿

3 この料理も召し上がってください。（召し上がる　드시다）

이 요리도 ＿＿＿＿＿＿＿.

4 どんなドラマをご覧になりますか？ （見る　보다）

어떤 드라마를 ＿＿＿＿＿＿＿＿

5 風邪は大丈夫ですか？ （大丈夫だ　괜찮다）

감기는 ＿＿＿＿＿＿＿＿＿＿

6 このペンを使ってください。（使う　쓰다）

이 펜을 ＿＿＿＿＿＿＿.

7 何のご用件で（どうして）いらっしゃいましたか？ （来る　오다）

어떤 일로 ＿＿＿＿＿＿＿＿＿

8 全部お済になりましたか？ （終わる　끝나다）

다 ＿＿＿＿＿＿＿＿＿＿

9 このお餅はおばあさんがお作りになりました。（作る　만들다）

이 떡은 할머니가 ＿＿＿＿＿＿＿＿＿.

10 ソウルで彼にお会いになりましたか？ （会う　만나다）

서울에서 그 사람을 ＿＿＿＿＿＿＿＿＿＿

11 先生がこの絵をお描きになりました。（描く　그리다）

선생님이 이 그림을 ＿＿＿＿＿＿＿＿＿.

《 解 答 》

1　❶ 안 가요　❷ 안 좋아요　❸ 안 계세요　❹ 도착 안 해요　❺ 바쁘지 않아요　❻ 받지 않아요　❼ 춥지 않아요　❽ 어렵지 않아요　❾ 좋아하지 않아요（→Lesson17参照）

2　❶ 갔습니다/갔어요　❷ 왔습니다/왔어요　❸ 냈습니다/냈어요　❹ 먹었습니다/먹었어요　❺ 마셨습니다/마셨어요　❻ 줬습니다/줬어요　❼ 켰습니다/켰어요　❽ 됐습니다/됐어요　❾ 쉬었습니다/쉬었어요　❿ 했습나다/했어요　⓫ 좋았습니다/좋았어요　⓬ 멀었습니다/멀었어요　⓭ 셌습니다/셌어요　⓮ 있었습니다/있었어요　⓯ 없었습니다/없었어요　⓰（パッチムなし）였습니다（パッチムあり）이었습니다 /（パッチムなし）였어요（パッチムあり）이었어요　⓱ 아니었습니다 / 아니었어요（→Lesson18参照）

3　❶ 먹었습니다　❷ 없었습니다　❸ 여행했습니다　❹ 학생이었습니다　❺ 오지 않았습니다（→Lesson18参照）

4　❶ 탔어요　❷ 만들었어요　❸ 운동했어요　❹ 아니었어요　❺ 안 갔어요（→Lesson18参照）

5　❶ 계십니다　❷ 드셨습니까?　❸ 읽으십니다　❹ 일하십니다　❺ 주무십니다　❻ 출발하셨습니다　❼ 말씀하셨습니다　❽ 사셨습니다　❾ 찍으셨습니다　❿ 가셨습니다　⓫ 전화하셨습니까?（→Lesson19参照）

6　❶ 있으세요?　❷ 사세요?　❸ 드세요　❹ 보세요?　❺ 괜찮으세요?　❻ 쓰세요　❼ 오셨어요?　❽ 끝나셨어요?　❾ 만드셨어요　❿ 만나셨어요?　⓫ 그리셨어요（→Lesson20参照）

韓国では外の人に身内のことを話す時も「父は医者でいらっしゃいます」のように尊敬表現を使います！

ヘヨ体の尊敬形は丁寧な命令形としても使えるので日常の会話でもたくさん使われています！

疑問詞の使い方

🎙22

　Lesson16（→P62）で、얼마예요?「いくらですか?」、몇 시예요?「何時ですか?」という、値段や時間を尋ねる疑問文を学びましたが、ここはその他の疑問詞を使った疑問文の作り方をおさらいしましょう。よく使う疑問詞はLesson14（→P56）を確認しましょう。

①疑問詞＋입니까? / 예요?「〜ですか?」

　疑問詞に「〜ですか?」という疑問文の語尾を組み合わせた、基本の表現です。日常生活や旅行でもすぐに使えます。

【 例文 】

いつですか?
オンジェイムニッカ
언제입니까?

誰ですか?
ヌグイムニッカ
누구입니까?

何ですか?
ムォエヨ
뭐예요?

どこですか?
オディエヨ
어디예요?

②疑問詞＋助詞

　「どこに〜」「何の〜」のように、疑問詞に助詞を組み合わせた形です。日本語の表現と同じように文頭、文中などで使うことができます。

【 例文 】

トイレはどこにありますか?※
ファジャンシリ　　オディエ　　イッソヨ
화장실이 어디에 있어요?

何をお探しですか?
ムオスル　　チャズセヨ
무엇을 찾으세요?

疑問詞を使うと
表現の幅が
ぐっと広がります!

※ 疑問詞を使った疑問文では、「〜は」という助詞は는/은ではなく、ヌン ウン
カ イ
가/이を使うのが自然です。

応用文法を
マスター

この調子で
応用文法も
マスターしよう！

～したい
語幹＋고 싶다
<small>コ　シプタ</small>

가고 싶습니다「行きたいです」、놀고 싶어요「遊びたいです」のように、「～し
<small>カゴ　シプスムニダ　　　　　　　　ノルゴ　シボヨ</small>
たい」という願望の表現を学びましょう。

～したい

ハムニダ体
買いたいです。
사고 싶습니다.
<small>サゴ　シプスムニダ</small>
買い　したいです

ヘヨ体
食べたいです。
먹고 싶어요.
<small>モッコ　シボヨ</small>
食べ　したいです

動詞の語幹にそのまま고 싶다を
<small>コ　シプタ</small>
つけて活用します。

＋ **고 싶다**
<small>コ　シプタ</small>

사다 → 買いたい
<small>サダ</small>
買う

～したい

「～したいです」という表現は、動詞の語幹に고 싶다をつけて活用させます。
<small>コ　シプタ</small>
ハムニダ体は고 싶습니다、ヘヨ体は고 싶어요となります。「～したいですか？」と
<small>コ　シプスムニダ　　　　　　コ　シボヨ</small>
いう疑問文は、ハムニダ体は고 싶습니까?、ヘヨ体は고 싶어요?と表します。
<small>コ　シプスムニッカ　　　　　コ　シボヨ</small>

【 例文 】

❶ 歌を歌いたいです。
노래를 부르고 싶습니다.
<small>ノレルル　ブルゴ　シプスムニダ</small>

❷ 何を食べたいですか？
뭘 먹고 싶습니까?
<small>ムォル　モッコ　シプスムニッカ</small>

❸ 電話番号を知りたいです。
전화번호를 알고 싶어요.
<small>チョヌァボノルル　アルゴ　シボヨ</small>

❹ どこに行きたいですか？
어디로 가고 싶어요?
<small>オディロ　カゴ　シボヨ</small>

単語帳 歌う 부르다 / 電話番号 전화번호 / 聞く 듣다
<small>ブルダ　　　　　　　チョヌァボノ　　　　トゥッタ</small>

+α 助詞「～に（方向）」「～で（手段）」

　「～に」という方向を表す助詞は (으)로 を使います。名詞の最後にパッチムがない場合は로、ある場合は으로 を使います。またㄹパッチムの場合は로 を使います。なお、「～で」という手段を表す助詞も (으)로 を使います。合わせて覚えましょう。

～に（方向）	パッチムなし （ㄹパッチム） ロ 로	例	ハッキョロ 학교로 ／ 어디로 ／ 서울로 学校に　　どこに　ソウルに
	パッチムあり ウロ 으로	例	ハンググロ　　イルボヌロ 한국으로 ／ 일본으로 韓国に　　　日本に

～で（手段）	パッチムなし （ㄹパッチム） ロ 로	例	ボスロ　　　ヨンピルロ 버스로 ／ 연필로 バスで　　鉛筆で
	パッチムあり ウロ 으로	例	ソヌロ　　　トヌロ 손으로 ／ 돈으로 手で　　お金で

練習

1 日本語に合わせてヘヨ体の文を作りましょう。

❶ 歌を聞きたいです。　듣다（聞く）

　⇒노래를 ＿＿＿＿＿＿＿＿＿＿＿＿＿＿.

❷ どこに行きたいですか？　가다（行く）

　⇒어디로 ＿＿＿＿＿＿＿＿＿＿＿＿＿＿

《 解 答 》

1　❶ 듣고 싶어요　❷ 가고 싶어요?

〜できません
못+動詞

Lesson17（→P74）では否定の表現を学びましたが、ここでは못 <ruby>갑니다<rt>モッ カムニダ</rt></ruby>「行けません」、못 <ruby>사요<rt>モッ サヨ</rt></ruby>「買えません」のように、不可能の表現を学びましょう。

〜できません

キュウリが食べられません。

<ruby>오이를<rt>オイルル</rt></ruby> <ruby>못<rt>モン</rt></ruby> <ruby>먹어요<rt>モゴヨ</rt></ruby>.
キュウリを できない 食べます

못は鼻音化（→P27）や「ㄴ」の添加（→P29）など発音に注意しましょう。

<ruby>못<rt>モッ</rt></ruby>	+	<ruby>먹다<rt>モクタ</rt></ruby>
〜できない		食べる

→ 食べられない

不可能の表現は、動詞の前に不可能を表す<ruby>못<rt>モッ</rt></ruby>をつけて表します。「<ruby>못<rt>モッ</rt></ruby>+動詞」は会話でよく使われる表現です。

Check!

「名詞+<ruby>하다<rt>ハダ</rt></ruby>」動詞は<ruby>못<rt>モッ</rt></ruby>の位置に注意！

Lesson17（→P74）否定形と同様に、「名詞＋<ruby>하다<rt>ハダ</rt></ruby>」の形の動詞は、<ruby>못<rt>モッ</rt></ruby>を名詞の前ではなく<ruby>하다<rt>ハダ</rt></ruby>の前につけます。

例 <ruby>운동하다<rt>ウンドンハダ</rt></ruby> **運動する**

→運動できません

○ <ruby>운동 못 해요<rt>ウンドン モ テヨ</rt></ruby>　　✕ <ruby>못 운동해요<rt>モッ ウンドンヘヨ</rt></ruby>

単語帳 パーティー <ruby>파티<rt>パティ</rt></ruby> / 英語 <ruby>영어<rt>ヨンオ</rt></ruby> / 電話 <ruby>전화<rt>チョヌァ</rt></ruby> / 早く <ruby>일찍<rt>イルッチク</rt></ruby> / アレルギー <ruby>알레르기<rt>アルレルギ</rt></ruby> / お酒 <ruby>술<rt>スル</rt></ruby>

【 例文 】

1 今日はパーティーに行けません。
オヌルン　パティエ　モッ　カヨ
오늘은 파티에 못 가요.

2 英語は読めません。
ヨンオヌン　モン　ニルゴヨ
영어는 못 읽어요.

3 昨日電話をできませんでした。
オジェ　チョヌァルル　モ　テッソヨ
어제 전화를 못 했어요.

4 早く起きられませんか？
イルッチン　モン　ニロナヨ
일찍 못 일어나요?

5 アレルギーのせいでお酒を飲めません。
アルレルギ　ッテムネ　スルル　モン　マショヨ
알레르기 때문에 술을 못 마셔요.

～できません

旅行に行けません。
ヨヘンウル　カジ　モテヨ
여행을 가지 못해요.
旅行　を　行け　ません

지 못하다は「못＋動詞」よりも丁寧な印象を与えます。

カダ
가다
行く

＋

チ　モタダ
지 못하다
～できない

→ 行けない

Lesson17（→P74）の否定のように、不可能の表現にも動詞の語幹に지 못하다（チ モタダ）つけて活用させる方法があります。지 못하다（チ モタダ）はハムニダ体は지 못합니다（チ モタムニダ）、ヘヨ体は지 못해요（チ モテヨ）となります。못하다（モタダ）の発音は激音化（→P25）に注意しましょう。

Check!

못하다（モタダ）と못 하다（モ タダ）の違い

못하다（モタダ）は「できない」という動詞で、못 하다（モ タダ）は不可能의못（モッ）と動詞의하다（ハダ）が組み合わせでできた言葉です。分かち書きに注意しましょう。

【 例文 】

1 友達に会えません。
<ruby>친구를<rt>チングルル</rt></ruby> <ruby>만나지<rt>マンナジ</rt></ruby> <ruby>못해요<rt>モテヨ</rt></ruby>.

2 問題を解けません。
<ruby>문제를<rt>ムンジェルル</rt></ruby> <ruby>풀지<rt>プルジ</rt></ruby> <ruby>못해요<rt>モテヨ</rt></ruby>.

3 すべて食べられません。
<ruby>다<rt>タ</rt></ruby> <ruby>먹지<rt>モクチ</rt></ruby> <ruby>못해요<rt>モテヨ</rt></ruby>.

4 映画館に行けませんでした。
<ruby>영화관에<rt>ヨンファグァネ</rt></ruby> <ruby>가지<rt>カジ</rt></ruby> <ruby>못했어요<rt>モテッソヨ</rt></ruby>.

5 昨日は4時間しか寝られませんでした。
<ruby>어제는<rt>オジェヌン</rt></ruby> 4<ruby>시간밖에<rt>ネシガンバッケ</rt></ruby> <ruby>자지<rt>チャジ</rt></ruby> <ruby>못했어요<rt>モテッソヨ</rt></ruby>.

6 残業のせいでドラマを見られませんでした。
<ruby>야근<rt>ヤグン</rt></ruby> <ruby>때문에<rt>ッテムネ</rt></ruby> <ruby>드라마를<rt>トゥラマルル</rt></ruby> <ruby>보지<rt>ポジ</rt></ruby> <ruby>못했어요<rt>モテッソヨ</rt></ruby>.

+α 助詞「〜しか」

「〜しか、のみ」という限定を表す助詞は<ruby>밖에<rt>バッケ</rt></ruby>を使います。<ruby>밖에<rt>バッケ</rt></ruby>のうしろは「〜しかいない」「〜しか…ない」のように、必ず否定文になります。

〜しか	<ruby>밖에<rt>バッケ</rt></ruby>		<ruby>이것<rt>イゴ</rt></ruby><ruby>밖에<rt>バッケ</rt></ruby> ／ <ruby>조금<rt>チョグム</rt></ruby><ruby>밖에<rt>バッケ</rt></ruby>
			これしか　　少ししか

+α 「〜のせいで」

「〜のせいで、〜のために」という理由や原因は、名詞の後ろにそのまま<ruby>때문에<rt>ッテムネ</rt></ruby>をつけて表します。

〜のせいで	<ruby>때문에<rt>ッテムネ</rt></ruby>		<ruby>날씨<rt>ナルッシ</rt></ruby> <ruby>때문에<rt>ッテムネ</rt></ruby> ／ <ruby>감기<rt>カムギ</rt></ruby> <ruby>때문에<rt>ッテムネ</rt></ruby>
			天気のせいで　　風邪のせいで

単語帳 問題 <ruby>문제<rt>ムンジェ</rt></ruby> / 解く <ruby>풀다<rt>プルダ</rt></ruby> / すべて <ruby>다<rt>タ</rt></ruby> / 映画館 <ruby>영화관<rt>ヨンファグァン</rt></ruby> / 寝る <ruby>자다<rt>チャダ</rt></ruby> / 残業 <ruby>야근<rt>ヤグン</rt></ruby> / フランス語 <ruby>불어<rt>プロ</rt></ruby>

練習

1 単語を不可能の形のヘヨ体にしてみましょう。❶〜❻は못、❼〜⓬は지 못하다を使いましょう。

❶ 가다（行く）＿＿＿＿＿＿

❷ 찍다（撮る）＿＿＿＿＿＿

❸ 타다（乗る）＿＿＿＿＿＿

❹ 입다（着る）＿＿＿＿＿＿

❺ 만나다（会う）＿＿＿＿＿＿

❻ 받다（もらう）＿＿＿＿＿＿

❼ 서다（立つ）＿＿＿＿＿＿

❽ 먹다（食べる）＿＿＿＿＿＿

❾ 보다（見る）＿＿＿＿＿＿

❿ 자다（寝る）＿＿＿＿＿＿

⓫ 풀다（解く）＿＿＿＿＿＿

⓬ 말하다（言う）＿＿＿＿＿＿

2 지 못하다を使い、日本語に合わせてヘヨ体の文を作りましょう。

❶ パーティーに行けません。 가다（行く）

⇒파티에 ＿＿＿＿＿＿＿＿＿＿＿＿＿＿＿ .

❷ フランス語は読めません。 읽다（読む）

⇒불어는 ＿＿＿＿＿＿＿＿＿＿＿＿＿＿＿ .

❸ 少ししか食べられません。 먹다（食べる）

⇒조금밖에 ＿＿＿＿＿＿＿＿＿＿＿＿＿＿ .

❹ 風邪のせいで勉強できませんでした。 공부하다（勉強する）

⇒감기 때문에 ＿＿＿＿＿＿＿＿＿＿＿＿＿ .

- -

《 解 答 》

1　❶ 못 가요　❷ 못 찍어요　❸ 못 타요　❹ 못 입어요　❺ 못 만나요　❻ 못 받아요　❼ 서지 못해요
　　❽ 먹지 못해요　❾ 보지 못해요　❿ 자지 못해요　⓫ 풀지 못해요　⓬ 말하지 못해요

2　❶ 가지 못해요　❷ 읽지 못해요　❸ 먹지 못해요　❹ 공부하지 못했어요

〜することができる
語幹＋ㄹ/을 수 있다

갈 수 있습니다（カル ス イッスムニダ）「行くことができます」、먹을 수 있어요（モグル ス イッソヨ）「食べることができます」のような可能の表現を学びましょう。

〜することができる

●語幹末にパッチムがない場合：ㄹ 수 있어요（ル ス イッソヨ）をつける

作り方　오다（オダ）来る

오＋ㄹ 수 있어요（オ ル ス イッソヨ）→올 수 있어요（オル ス イッソヨ）
語幹

来ることができます

●語幹末にパッチムがある場合：을 수 있어요（ウル ス イッソヨ）をつける

作り方　입다（イプタ）着る

입＋을 수 있어요（イプ ウル ス イッソヨ）→입을 수 있어요（イブル ス イッソヨ）
語幹

着ることができます

●語幹末がㄹパッチムの場合：ㄹをとってㄹ 수 있어요（ル ス イッソヨ）をつける

作り方　만들다（マンドゥルダ）作る

만들＋ㄹ 수 있어요（マンドゥル ル ス イッソヨ）→만들 수 있어요（マンドゥルス イッソヨ）
語幹
ㄹをとる

作ることができます

？をつけると「〜することができますか？」という疑問文になります。

　可能の表現は、用言の語幹末にパッチムがない場合は<ruby>ㄹ<rt>ル</rt></ruby> <ruby>수<rt>ス</rt></ruby> <ruby>있어요<rt>イッソヨ</rt></ruby>、ある場合は<ruby>을<rt>ウル</rt></ruby> <ruby>수<rt>ス</rt></ruby> <ruby>있어요<rt>イッソヨ</rt></ruby>を語幹につけます。語幹末がㄹパッチムの場合はㄹをとって<ruby>ㄹ<rt>ル</rt></ruby> <ruby>수<rt>ス</rt></ruby> <ruby>있어요<rt>イッソヨ</rt></ruby>をつけます。ハムニダ体は<ruby>ㄹ/을 수 있습니다<rt>ル ウルス イッスムニダ</rt></ruby>になります。

【 例文 】

❶ ピアノを弾けます。

<ruby>피아노를<rt>ピアノルル</rt></ruby> <ruby>칠<rt>チル</rt></ruby> <ruby>수<rt>ス</rt></ruby> <ruby>있어요<rt>イッソヨ</rt></ruby>.

❷ バスで行けますか?

<ruby>버스로<rt>ボスロ</rt></ruby> <ruby>갈<rt>カル</rt></ruby> <ruby>수<rt>ス</rt></ruby> <ruby>있어요<rt>イッソヨ</rt></ruby>?

❸ 水泳ができますか?

<ruby>수영을<rt>スヨンウル</rt></ruby> <ruby>할<rt>ハル</rt></ruby> <ruby>수<rt>ス</rt></ruby> <ruby>있어요<rt>イッソヨ</rt></ruby>?

❹ 週末に会えますか?

<ruby>주말에<rt>チュマレ</rt></ruby> <ruby>만날<rt>マンナル</rt></ruby> <ruby>수<rt>ス</rt></ruby> <ruby>있어요<rt>イッソヨ</rt></ruby>?

❺ カバンを探すことはできますか?

<ruby>가방을<rt>カバンウル</rt></ruby> <ruby>찾을<rt>チャズル</rt></ruby> <ruby>수<rt>ス</rt></ruby> <ruby>있어요<rt>イッソヨ</rt></ruby>?

❻ その気持ちを理解できます。

<ruby>그<rt>ク</rt></ruby> <ruby>마음을<rt>マウムル</rt></ruby> <ruby>이해할<rt>イヘハル</rt></ruby> <ruby>수<rt>ス</rt></ruby> <ruby>있어요<rt>イッソヨ</rt></ruby>.

疑問文は
語尾を上げて
発音しましょう!

～することができない

テレビを見ることができません。

<ruby>티비를<rt>ティビルル</rt></ruby> <ruby>볼<rt>ボル</rt></ruby> <ruby>수<rt>ス</rt></ruby> <ruby>없어요<rt>オプソヨ</rt></ruby>.

テレビ を 見ることができません

<ruby>있어요<rt>イッソヨ</rt></ruby>を<ruby>없어요<rt>オプソヨ</rt></ruby>に変えると不可能の表現になります。

<ruby>ㄹ/을 수 있어요<rt>ル ウルス イッソヨ</rt></ruby>を<ruby>ㄹ/을 수 없어요<rt>ル ウルス オプソヨ</rt></ruby>にかえると「～することができない」という不可能の表現になります。ハムニダ体は<ruby>ㄹ/을 수 없습니다<rt>ル ウルス オプスムニダ</rt></ruby>になります。

単語帳 ピアノ <ruby>피아노<rt>ピアノ</rt></ruby> / 弾く <ruby>치다<rt>チダ</rt></ruby> / 水泳 <ruby>수영<rt>スヨン</rt></ruby> / 気持ち、心 <ruby>마음<rt>マウム</rt></ruby> / 理解する <ruby>이해하다<rt>イヘハダ</rt></ruby>

【 例文 】

1 ハングルで書けません。

한글로 쓸 수 없어요.
<small>ハングルロ ッスルル ス オプソヨ</small>

2 歌を歌えません。

노래를 부를 수 없어요.
<small>ノレルル ブルル ス オプソヨ</small>

3 現金で買えません。

현금으로 살 수 없어요.
<small>ヒョングムロ サルル ス オプソヨ</small>

4 美術館では写真を撮れません。

미술관에서는 사진을 찍을 수 없어요.
<small>ミスルグァネソヌン サジヌル ッチグル ス オプソヨ</small>

5 約束の時間に到着できませんか?

약속 시간에 도착할 수 없어요?
<small>ヤクソク シガネ トチャカル ス オプソヨ</small>

語幹の
パッチムに
注意しましょう!

Check!

「못＋用言」と ㄹ/을 수 없다の違い

Lesson22（→P100）の「못＋用言」は、「本来 その行為を行う能力がない」ことを表すのに対 し、ㄹ/을 수 없다は、「意志通りにその行為を行う ことができない」ことを表します。

例 お酒が飲めません。

술을 못 마셔요.
<small>スルル モン マショヨ</small>

→ 元々お酒が苦手で飲むことができない。

例 お酒を飲みたいけれど飲めません。

술을 마시고 싶지만 마실 수 없어요.
<small>スルル マシゴ シプチマン マシル ス オプソヨ</small>

→ お酒を飲みたいけれど、何らかの理由で 飲むことができない。

  ハングル 한글 / 書く、使う 쓰다 / 現金 현금 / 美術館 미술관 / 写真 사진 / 到着する 도착하다 / 名前 이름

練習

1 単語を可能や不可能の表現のヘヨ体にしてみましょう。❶～❻は可能、❼～⓬は不可能の形にしましょう。

❶ 알다 (知る) _____

❷ 먹다 (食べる) _____

❸ 읽다 (読む) _____

❹ 부르다 (歌う) _____

❺ 가다 (行く) _____

❻ 치다 (弾く) _____

❼ 찾다 (探す) _____

❽ 찍다 (撮る) _____

❾ 사다 (買う) _____

❿ 쓰다 (使う) _____

⓫ 마시다 (飲む) _____

⓬ 받다 (もらう) _____

2 日本語に合わせてヘヨ体の文を作りましょう。

❶ 週末に会えますか？ 만나다 (会う)

⇒주말에 _____

❷ テレビを見られません。 보다 (見る)

⇒티비를 _____.

❸ ハングルで名前を書けます。 쓰다 (書く)

⇒한글로 이름을 _____.

❹ 10時まで到着できません。 도착하다 (到着する)

⇒10시까지 _____.

....

《 解 答 》

1 ❶ 알 수 있어요 ❷ 먹을 수 있어요 ❸ 읽을 수 있어요 ❹ 부를 수 있어요 ❺ 갈 수 있어요 ❻ 칠 수 있어요 ❼ 찾을 수 없어요 ❽ 찍을 수 없어요 ❾ 살 수 없어요 ❿ 쓸 수 없어요 ⓫ 마실 수 없어요 ⓬ 받을 수 없어요

2 ❶ 만날 수 있어요? ❷ 볼 수 없어요 ❸ 쓸 수 있어요 ❹ 도착할 수 없어요

～して、～で
語幹＋<ruby>고<rt>コ</rt></ruby>

<ruby>식사를<rt>シクサルル</rt></ruby> <ruby>하고<rt>ハゴ</rt></ruby> <ruby>영화를<rt>ヨンファルル</rt></ruby> <ruby>봐요<rt>ボァヨ</rt></ruby>.「食事をして映画を見ます。」のように、２つ以上の動作を並列させる接続の表現を学びましょう。

～して、～で

パンを食べて牛乳を飲みます。

用言の語幹にそのまま고をつけます。

<ruby>빵을<rt>ッパンウル</rt></ruby> <ruby>먹고<rt>モッコ</rt></ruby> <ruby>우유를<rt>ウユルル</rt></ruby> <ruby>마셔요<rt>マショヨ</rt></ruby>.
パン を 食べて 牛乳 を 飲みます

<ruby>먹다<rt>モクタ</rt></ruby> ＋ 고 ＋ <ruby>마시다<rt>マシダ</rt></ruby>
食べる ～て 飲む

→ 食べて飲む

状態や事実を並列させたり、行為を順に羅列させたりするときは、用言の語幹に고をつけます。また、指定詞<ruby>이다<rt>イダ</rt></ruby>「～だ」は(<ruby>이<rt>イ</rt></ruby>)<ruby>고<rt>コ</rt></ruby>「～であり」となります。

【 例文 】

❶ ソウルにも行って釜山にも行きます。
<ruby>서울에도<rt>ソウレド</rt></ruby> <ruby>가고<rt>カゴ</rt></ruby> <ruby>부산에도<rt>ブサネド</rt></ruby> <ruby>가요<rt>カヨ</rt></ruby>.

❷ その人はかっこよくて歌も上手です。
<ruby>그<rt>ク</rt></ruby> <ruby>사람은<rt>サラムン</rt></ruby> <ruby>멋있고<rt>モシッコ</rt></ruby> <ruby>노래도<rt>ノレド</rt></ruby> <ruby>잘해요<rt>チャレヨ</rt></ruby>.

❸ 父は会社員で母は教師です。
<ruby>아버지는<rt>アボジヌン</rt></ruby> <ruby>회사원이고<rt>フェサウォニゴ</rt></ruby> <ruby>어머니는<rt>オモニヌン</rt></ruby> <ruby>교사예요<rt>キョサエヨ</rt></ruby>.

単語帳 かっこいい <ruby>멋있다<rt>モシッタ</rt></ruby> / 上手だ <ruby>잘하다<rt>チャラダ</rt></ruby> / 安い <ruby>싸다<rt>サダ</rt></ruby> / 身長が高い <ruby>키가<rt>キガ</rt></ruby> <ruby>크다<rt>クダ</rt></ruby> / （女性から見た）お兄さん <ruby>오빠<rt>オッパ</rt></ruby>

練習

1 고を使って語句をつなぎ、ヘヨ体の文を作りましょう。

1 싸다（安い）/ 맛있다（おいしい）

⇒ _____ .

2 키가 크다（背が高い）/ 멋있다（かっこいい）

⇒ _____ .

3 밥을 먹다（ご飯を食べる）/ 영화를 보다（映画を見る）

⇒ _____ .

4 책을 읽다（本を読む）/ 운동도 하다（運動もする）

⇒ _____ .

5 서울에도 가다（ソウルにも行く）/ 부산에도 가다（釜山にも行く）

⇒ _____ .

6 노래를 부르다（歌を歌う）/ 피아노도 치다（ピアノも弾く）

⇒ _____ .

7 빵을 먹다（パンを食べる）/ 커피를 마시다（コーヒーを飲む）

⇒ _____ .

8 오빠는 대학생（兄は大学生）/ 언니는 회사원（姉は会社員）

⇒ _____ .

9 아버지는 교사（父は教師）/ 어머니는 주부（母は主婦）

⇒ _____ .

....

《 解 答 》

1　**1** 싸고 맛있어요　**2** 키가 크고 멋있어요　**3** 밥을 먹고 영화를 봐요　**4** 책을 읽고 운동도 해요
5 서울에도 가고 부산에도 가요　**6** 노래를 부르고 피아노도 쳐요　**7** 빵을 먹고 커피를 마셔요　**8**
오빠는 대학생이고 언니는 회사원이에요　**9** 아버지는 교사고 어머니는 주부예요

🎙27

〜して、〜ので
語幹＋아（ア）/어（オソ）서

늦잠을 자서（ヌッチャムル チャソ） 늦었어요（ヌジョッソヨ）.「寝坊して遅れました。」のように理由や原因を表したり、집에（チベ） 가서（カソ） 쉬어요（シュィオヨ）.「家に行って休みます。」のように、動作の先に行われたことを表す接続表現を学びましょう。

〜して、〜ので

● 陽母音語幹用言の場合：아（アソ）서をつける

> 作り方　받다（パッタ） もらう

받（パッ）＋아（アソ）서 → 받아서（パダソ）
語幹　　　　　　　　　　もらって

● 陰母音語幹用言の場合：어（オソ）서をつける

> 作り方　먹다（モクタ） 食べる

먹（モク）＋어（オソ）서 → 먹어서（モゴソ）
語幹　　　　　　　　　　食べて

● 하다（ハダ）用言の場合：語幹末の하（ハ）が해서（ヘソ）になる

> 作り方　운동하다（ウンドンハダ） 運動する

운동하（ウンドンハ）→ 운동해서（ウンドンヘソ）
語幹　　　　　　　　　運動して
　／해서（ヘソ）になる＼

> 陽母音と陰母音の
> 語幹については
> Lesson9 (→P33) を
> 確認しましょう!

単語帳　雨 비（ピ） / 緊張する 긴장하다（キンジャンハダ） / 汗 땀（ッタム） / 出る 나다（ナダ） / 美容室 미용실（ミヨンシル） / パーマ 파마（パマ） / 遅れる 늦다（ヌッタ） / すまない 미안하다（ミアナダ） / 小さい 작다（チャクタ） / 仕事、用事 일（イル）

理由や原因、動作の先行を表す接続表現は、語幹末の母音が陽母音（ㅏ・ㅗ）の場合は아서を、陰母音（ㅏ・ㅗ以外）の場合は어서を語幹につけます。하다用言は해서となります。また、指定詞(이)다「～だ」は(이)라서「～だから」になります。

【 例文 】

① 雨が降って行けませんでした。
　　ビガ　　ワソ　　モッ　　カッソヨ
　　비가 와서 못 갔어요.

② 緊張して汗が出ます。
　　キンジャンヘソ　　ッタミ　　ナヨ
　　긴장해서 땀이 나요.

③ 美容室に行ってパーマをかけました。
　　ミョンシレ　　カソ　　パマルル　　ヘッソヨ
　　미용실에 가서 파마를 했어요.

④ 遅れてすみません。
　　ヌジョソ　　ミアネヨ
　　늦어서 미안해요.

⑤ 週末だから人が多いです。
　　チュマリラソ　　サラミ　　マナヨ
　　주말이라서 사람이 많아요.

練習

1 下の語句から適切なもの選んで下線部に当てはめましょう。

アサ　　어서　　서　　라서　　이라서

① 服が小さくて　　　　　　　옷이 작＿＿＿＿＿＿

② 仕事があって　　　　　　　일이 있＿＿＿＿＿＿

③ 週末なので　　　　　　　　주말＿＿＿＿＿＿

④ 美容院へ行って　　　　　　미용실에 가＿＿＿＿＿＿

⑤ たくさん食べて　　　　　　많이 먹＿＿＿＿＿＿

⑥ 人気俳優なので　　　　　　인기 배우＿＿＿＿＿＿

《 解答 》

1　①아서　②어서　③이라서　④서　⑤어서　⑥라서

🎤 28

～から、～ので
語幹＋(으)니까

가니까「行くから」、바쁘니까「忙しいので」のように、理由や原因を表す接続の表現を学びましょう。

～から、～ので

● **語幹末にパッチムがない場合：니까をつける**

作り方　예쁘다　きれいだ

예쁘 ＋ 니까 → 예쁘니까
語幹　　　　　　　きれいなので

● **語幹末にパッチムがある場合：으니까をつける**

作り方　늦다　遅れる

늦 ＋ 으니까 → 늦으니까
語幹　　　　　　　遅れるので

後ろに続く
動作の理由や
根拠を表します。

● **語幹末がㄹパッチムの場合：ㄹをとって니까をつける**

作り方　열다　開ける

열 ＋ 니까 → 여니까
語幹　　　　　　開けるので
╱ㄹをとる╲

単語帳　肌寒い 쌀쌀하다 / マンガ 만화 / 必ず、ぜひ 꼭 / ケーキ 케이크

　　理由や原因の表現は、用言の語幹末にパッチムがない場合は니까、ある場合は으니까を語幹につけます。語幹末がㄹパッチムの場合はㄹをとって니까をつけます。Lesson25（→P110）の아/어서も理由や原因を表しますが、後ろに命令や勧誘の表現が続く場合は、必ず(으)니까を使います。また、指定詞이다「〜だ」は(이)니까「〜なので」になります。

【 例文 】

① 雨が降るので肌寒いです。
　비가 오니까 쌀쌀해요.
　　ビガ　　オニッカ　　ッサルッサレヨ

② このマンガはおもしろいのでぜひ見てください。
　이 만화는 재미있으니까 꼭 보세요.
　　イ　マヌァヌン　　チェミイッスニッカ　　ッコク　ボセヨ

③ 今日は誕生日なのでケーキを食べます。
　오늘은 생일이니까 케이크를 먹어요.
　　オヌルン　　センイリニッカ　　ケイクルル　　モゴヨ

(으)니까は個人的な理由や動機を強調します！

練習

1 単語を「〜から、〜ので」の形にしてみましょう。⑦〜⑧は(이)니까を使いましょう。

① 가다（行く）＿＿＿＿＿　　② 오다（来る）＿＿＿＿＿

③ 늦다（遅れる）＿＿＿＿＿　　④ 받다（もらう）＿＿＿＿＿

⑤ 열다（開く）＿＿＿＿＿　　⑥ 만들다（作る）＿＿＿＿＿

⑦ 생일（誕生日）＿＿＿＿＿　　⑧ 의사（医者）＿＿＿＿＿

《 解答 》
1　① 가니까　② 오니까　③ 늦으니까　④ 받으니까　⑤ 여니까　⑥ 만드니까　⑦ 생일이니까　⑧ 의사니까

🎤 29

～けれど、～ですが
語幹＋지만^{チマン}

_{バップジマン} _{クェンチャナヨ}
바쁘지만 괜찮아요. 「忙しいけれど大丈夫です。」のように、「～けれど…」という逆接の表現を学びましょう。

～けれど、～ですが

辛いですがおいしいです。
メプチマン　マシッソヨ
맵지만 맛있어요.
辛いけれど　おいしいです

用言の語幹にそのまま지만^{チマン}をつけます。

メプタ
맵다　　　＋　지만^{チマン}
辛い　　　　　～けれど
→　辛いけれど

　「～けれど…」のような逆接の表現は、用言の語幹に지만^{チマン}をつけて表します。また、指定詞이다^{イダ}「～だ」は(이)지만^{イ チマン}「～だけれど」になります。

【 例文 】

① 大変ですがおもしろいです。
ヒムドゥルジマン　チェミイッソヨ
힘들지만 재미있어요.

② デザインはいいですが高いです。
ティジャイヌン　チョッチマン　ビッサヨ
디자인은 좋지만 비싸요.

③ 名前は知っていますが顔は知りません。
イルムン　アルジマン　オルグルン　モルラヨ
이름은 알지만 얼굴은 몰라요.

④ 冬ですが今日はとても暖かいです。
キョウリジマン　オヌルン　ノム　ッタットゥテヨ
겨울이지만 오늘은 너무 따뜻해요.

単語帳 疲れた 힘들다^{ヒムドゥルダ} / デザイン 디자인^{ティジャイン} / 顔 얼굴^{オルグル} / 知らない 모르다^{モルダ} / 冬 겨울^{キョウル} / 暖かい 따뜻하다^{ッタットゥタダ} / 好きだ 좋아하다^{チョアハダ} / 嫌いだ 싫어하다^{シロハダ} / 悪い 나쁘다^{ナップダ}

練習

1 単語を「〜けれど、〜ですが」の形にしてみましょう。⑮〜⑰は(이)지만を使いましょう。

① 가다（行く）　＿＿＿＿＿＿＿＿＿

② 오다（来る）　＿＿＿＿＿＿＿＿＿

③ 하다（する）　＿＿＿＿＿＿＿＿＿

④ 먹다（食べる）　＿＿＿＿＿＿＿＿＿

⑤ 받다（もらう）　＿＿＿＿＿＿＿＿＿

⑥ 살다（住む）　＿＿＿＿＿＿＿＿＿

⑦ 만들다（作る）　＿＿＿＿＿＿＿＿＿

⑧ 열다（開く）　＿＿＿＿＿＿＿＿＿

⑨ 좋아하다（好きだ）　＿＿＿＿＿＿＿＿＿

⑩ 싫어하다（嫌いだ）　＿＿＿＿＿＿＿＿＿

⑪ 좋다（いい）　＿＿＿＿＿＿＿＿＿

⑫ 나쁘다（悪い）　＿＿＿＿＿＿＿＿＿

⑬ 맵다（辛い）　＿＿＿＿＿＿＿＿＿

⑭ 덥다（暑い）　＿＿＿＿＿＿＿＿＿

⑮ 겨울（冬）　＿＿＿＿＿＿＿＿＿

⑯ 생일（誕生日）　＿＿＿＿＿＿＿＿＿

⑰ 친구（友達）　＿＿＿＿＿＿＿＿＿

《 解 答 》

1　❶ 가지만　❷ 오지만　❸ 하지만　❹ 먹지만　❺ 받지만　❻ 살지만　❼ 만들지만　❽ 열지만　❾ 좋아하지만　❿ 싫어하지만　⓫ 좋지만　⓬ 나쁘지만　⓭ 맵지만　⓮ 덥지만　⓯ 겨울이지만　⓰ 생일이지만　⓱ 친구지만

～してください
語幹＋아／어 주세요
<ruby>ア<rt></rt></ruby> <ruby>オ<rt></rt></ruby> <ruby>ジュセヨ<rt></rt></ruby>

가 주세요「行ってください」、받아 주세요「受け取ってください」のように、
「～してください」という依頼の表現を学びましょう。
（<ruby>カ<rt></rt></ruby> <ruby>ジュセヨ<rt></rt></ruby>／<ruby>バダ<rt></rt></ruby> <ruby>ジュセヨ<rt></rt></ruby>）

～してください

● **陽母音語幹用言の場合**：아 주세요をつける（ア ジュセヨ）

作り方　잡다 掴む（チャプタ）

잡 ＋ 아 주세요 → 잡아 주세요
（チャプ ア ジュセヨ）　（チャバ ジュセヨ）
語幹　　　　　　　　　掴んでください

● **陰母音語幹用言の場合**：어 주세요をつける（オ ジュセヨ）

作り方　적다 書く（チョクタ）

적 ＋ 어 주세요 → 적어 주세요
（チョク オ ジュセヨ）　（チョゴ ジュセヨ）
語幹　　　　　　　　　書いてください

● **하다用言の場合**：語幹末の하が해 주세요になる（ハダ／ハ ヘ ジュセヨ）

作り方　생각하다 考える（センガカダ）

생각하 → 생각해 주세요
（センガカ）　（センガケ ジュセヨ）
語幹　　　考えてください
／해 주세요になる＼（ヘ ジュセヨ）

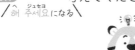

ヘヨ体の縮約形はLesson15
（→P59）を確認しよう。

  単語帳　連絡する 연락하다（ヨルラカダ）／ 領収書、レシート 영수증（ヨンスジュン）／ 水 물（ムル）／ サムギョプサル 삼겹살（サムギョプサル）

　依頼の表現は、語幹末の母音が陽母音（ㅏ・ㅗ）の場合は_ア아 _{ジュセヨ}주세요を、陰母音（ㅏ・ㅗ以外）の場合は_オ어 _{ジュセヨ}주세요を語幹につけます。_{ハダ}하다用言の場合は_ヘ해 _{ジュセヨ}주세요となります。なお、母音が結合・脱落するパターン（→P59）に注意しましょう。

【 例文 】

❶ あそこを見てください。
_{チョギルル　ボァ　ジュセヨ}
저기를 봐 주세요.

❷ あそこに行ってください。
_{チョギロ　カ　ジュセヨ}
저기로 가 주세요.

❸ 写真を撮ってください。
_{サジヌル　ッチゴ　ジュセヨ}
사진을 찍어 주세요.

❹ 明日までに連絡してください。
_{ネイルッカジ　ヨルラケ　ジュセヨ}
내일까지 연락해 주세요.

～ください

ビビンバください。
_{ピビムバプ　チュセヨ}
비빔밥 주세요.
ビビンバ　ください

_{ピビムバプ}
비빔밥
ビビンバ

+

_{チュセヨ}
주세요
ください

→ ビビンバ（を）ください

お店や食堂の注文で使える表現です。

　名詞の後ろに_{チュセヨ}주세요つけると「～（を）ください」という表現になります。会話では名詞の後ろの「～を」を省略することも多くあります。

【 例文 】

❶ 領収書ください。
_{ヨンスズン　チュセヨ}
영수증 주세요.

❷ ちょっと水ください。
_{ムル ジョム　チュセヨ}
물 좀 주세요.

❸ サムギョプサル2人前ください。
_{サムギョプサル　イインブン　チュセヨ}
삼겹살 2인분 주세요.

❹ コーヒーとケーキください。
_{コピハゴ　ケイク　チュセヨ}
커피하고 케이크 주세요.

+α 指示代名詞②

場所を表す指示代名詞を覚えましょう。

ここ	そこ	あそこ	どこ
ヨギ 여기	コギ 거기	チョギ 저기	オディ 어디

+α 助詞「～と」

Lesson 14（→P56）では와/과「～と」を学びましたが、話し言葉では하고と(이)랑がよく使われます。와/과は話し言葉と書き言葉の両方で使いますが、하고と(이)랑はほとんど話し言葉でのみ使われます。また、하고はパッチムの有無に関係なく使うことができます。

～と	ハゴ 하고	例	オヌラゴ ネイル チングハゴ ナ 오늘하고 내일 ／ 친구하고 나 今日と明日　　友達とわたし
～と	パッチムなし ラン 랑	例	アボジラン オモニ チャラン コピ 아버지랑 어머니 ／ 차랑 커피 父と母　　　お茶とコーヒー
	パッチムあり イラン 이랑	例	ソンセンニミラン ハクセン チェギランヨンファ 선생님이랑 학생 ／ 책이랑 영화 先生と学生　　　本と映画

column

依頼のときにつける 좀
チョム

チョグム
조금「少し」の縮約系である좀は、依頼の場面で使うと「ちょっと～してください」のようにやわらかい印象になります。ただし、좀「ちょっと」は日本語の表現と違い、用言の前に入るので注意しましょう。

例 ちょっと水ください。　　　　　　（日本語風の語順）

ムルジョム チュセヨ
○ 물 좀 주세요.　　　チョム ムル チュセヨ
✕ 좀 물 주세요.

練習

1 単語を「〜してください」の形にしてみましょう。母音が脱落したり結合する（→P59）場合もあるので注意しましょう。

❶ 받다（もらう）

❷ 잡다（掴む）

❸ 적다（書く）

❹ 찍다（撮る）

❺ 가다（行く）

❻ 오다（来る）

❼ 보다（見る）

❽ 서다（立つ）

❾ 전화하다（電話する）

❿ 연락하다（連絡する）

⓫ 말하다（話す）

⓬ 보내다（送る）

⓭ 켜다（点ける）

⓮ 마시다（飲む）

⓯ 외우다（覚える）

⓰ 기다리다（待つ）

⓱ 하다（する）

....

《 解答 》

1 ❶ 받아 주세요 ❷ 잡아 주세요 ❸ 적어 주세요 ❹ 찍어 주세요 ❺ 가 주세요 ❻ 와 주세요 ❼
봐 주세요 ❽ 서 주세요 ❾ 전화해 주세요 ❿ 연락해 주세요 ⓫ 말해 주세요 ⓬ 보내 주세요
⓭ 켜 주세요 ⓮ 마셔 주세요 ⓯ 외워 주세요 ⓰ 기다려 주세요 ⓱ 해 주세요

～しないでください
語幹＋지 마세요

Lesson28の「～してください」という依頼の表現に対し、「～しないでください」という丁寧な禁止の表現を学びましょう。

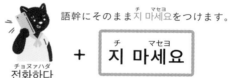

～しないでください

電話しないでください。
チョヌァハジ　マセヨ
전화하지 마세요.
電話し　ないでください

語幹にそのまま지 마세요をつけます。

チョヌァハダ
전화하다　＋　**지 마세요**
電話する　　　～しないでください
→　電話しないでください

丁寧な禁止の表現は、動詞の語幹に지 마세요をつけて表します。마세요は「やめる」という意味の말다を活用させた形です。

【 例文 】

① 部屋に入ってこないでください。
バンエ　トゥロオジ　マセヨ
방에 들어오지 마세요.

② 嘘をつかないでください。
コジンマル　ハジ　マセヨ
거짓말 하지 마세요.

③ 危険なので走らないでください。
ウィホマニッカ　ットゥィジ　マセヨ
위험하니까 뛰지 마세요.

④ 秘密なので友達に言わないでください。
ビミリニッカ　チングハンテ　マラジ　マセヨ
비밀이니까 친구한테 말하지 마세요.

単語帳 入ってくる 들어오다 / 危険だ 위험하다 / 走る 뛰다 / 秘密 비밀 / 後、後ほど 나중 / 分ける 나누다 / じっと 가만히 / 心配する 걱정하다 / 悩む 고민하다 / 尋ねてみる 물어보다

～しないで

寝ないで起きてください。

자<u>지 말고</u> 일어나세요.
（チャジ　マルゴ　イロナセヨ）
寝　　ないで　　　起きてください

지 말고は相手に命令や勧誘をするときに使われる表現です。

자다 （チャダ）
寝る

+

지 말고 （チ　マルゴ）
～しないで

→ 寝ないで

　「〜しないで…」と接続する場合は動詞の語幹に지 말고（チ マルゴ）をつけて表します。말고（マルゴ）は말다（マルダ）「やめる」とLesson24（→P108）で学んだ行為の羅列を表す고（コ）を合わせた形です。

【 例文 】

1 後でやらないで今やってください。
나중에 하지 말고 지금 하세요.
（ナジュンエ　ハジ　マルゴ　チグム　ハセヨ）

2 一人で食べないで分けてください。
혼자 먹지 말고 나눠 주세요.
（ホンジャ　モクチ　マルゴ　ナヌォ　ジュセヨ）

3 じっとしていないで早く行ってください。
가만히 있지 말고 빨리 가세요.
（カマニ　イッチ　マルゴ　ッパルリ　カセヨ）

4 あまり心配しないで待っていてください。
너무 걱정하지 말고 기다리세요.
（ノム　コクチョンハジ　マルゴ　キダリセヨ）

5 悩まないで先生に尋ねてみてください。
고민하지 말고 선생님한테 물어보세요.
（コミナジ　マルゴ　ソンセンニムハンテ　ムロボセヨ）

지 말고（チ　マルゴ）は
「前者は絶対にしないで
後者をしましょう」
という禁止の命令で
使われます。

+α 助詞「〜に（人）」

「〜に」という人の対象を表す助詞は에게（→P52）ですが、話し言葉では한테も使われます。

〜に（人）	ハンテ 한테	例	ソンセンニムハンテ **선생님**한테 ／ 先生に	ハクセンハンテ **학생**한테 学生に

Check!

지 말다「〜しない」の活用パターン

지 말다「〜しない」は尊敬形からぞんざいな表現まで、さまざまな命令や勧誘の表現で使われます。なお、말다「やめる」は語幹末にㄹパッチムがあるため語尾によってはㄹパッチムが脱落します。

例
チ　マシプシオ
지 마십시오 → 「〜なさらないでください」

チ　マセヨ
지 마세요 → 「〜しないでください」

チ　マプシダ
지 맙시다 → 「〜するのはやめましょう」

チ　マルジャ
지 말자 → 「〜するのはやめよう」

チ　マ
지 마 → 「〜するな」

相手や状況に合わせて禁止の
表現を使い分けてみましょう。

単語帳 泣く 울다

練習

1 単語を「〜しないでください」「〜しないで〜」の形にしてみましょう。❶〜❿には지 마세요、⓫〜⓯には지 말고をつけてみましょう。

❶ 가다（行く）　　　　　――――――――――――

❷ 오다（来る）　　　　　――――――――――――

❸ 하다（する）　　　　　――――――――――――

❹ 걱정하다（心配する）　――――――――――――

❺ 울다（泣く）　　　　　――――――――――――

❻ 기다리다（待つ）　　　――――――――――――

❼ 자다（寝る）　　　　　――――――――――――

❽ 말하다（言う）　　　　――――――――――――

❾ 전화하다（電話する）　――――――――――――

❿ 들어오다（入って来る）――――――――――――

⓫ 놀다（遊ぶ）　　　　　――――――――――――

⓬ 고민하다（悩む）　　　――――――――――――

⓭ 먹다（食べる）　　　　――――――――――――

⓮ 마시다（飲む）　　　　――――――――――――

⓯ 뛰다（走る）　　　　　――――――――――――

《 解答 》

1　❶ 가지 마세요　❷ 오지 마세요　❸ 하지 마세요　❹ 걱정하지 마세요　❺ 울지 마세요　❻ 기다리지 마세요　❼ 자지 마세요　❽ 말하지 마세요　❾ 전화하지 마세요　❿ 들어오지 마세요　⓫ 놀지 말고　⓬ 고민하지 말고　⓭ 먹지 말고　⓮ 마시지 말고　⓯ 뛰지 말고

🎙 32

〜すれば、〜ならば
語幹＋(으)면

_{カミョン}
가면「行ったら」、_{モグミョン}먹으면「食べたら」のように、仮定や条件を表す接続の表現を学びましょう。

〜すれば、〜ならば

● **語幹末にパッチムがない場合**：면をつける

作り方 _{ッスダ}쓰다 使う（書く）

_{ッス}쓰 ＋ _{ミョン}면 → _{ッスミョン}쓰면
語幹 　　　　　　使えば

● **語幹末にパッチムがある場合**：으면をつける

作り方 _{チャッタ}찾다 見つける（探す）

_{チャッ}찾 ＋ _{ウミョン}으면 → _{チャズミョン}찾으면
語幹 　　　　　　　見つけたら

● **語幹末がㄹパッチムの場合**：면をつける

作り方 _{マンドゥルダ}만들다 作る

_{マンドゥル}만들 ＋ _{ミョン}면 → _{マンドゥルミョン}만들면
語幹 　　　　　　作ったら

> ㄹパッチムのある用言は
> ㄹが脱落せずに
> そのまま면がつくので
> 注意しましょう。

仮定や条件の表現は、用言の語幹末にパッチムがない場合は면、ある場合は_{ウミョン}으면を語幹につけます。語幹末がㄹパッチムの場合もそのまま면をつけます。また、指定詞_{イダ}이다「〜だ」は(_イ이)_{ミョン}면「〜なら」になります。

単語帳 太る _{サリ ッチダ}살이 찌다 / 必要だ _{ピリョハダ}필요하다 / 借りる _{ピルリダ}빌리다 / 夜 _{パム}밤 / なる _{トゥェダ}되다

【 例文 】

① たくさん食べると太ります。
　　　　マニ　　モグミョン　　サリ　ッチョヨ
　　많이 먹으면 살이 쪄요.

② 必要だったら言ってください。
　　　ピリョハミョン　　　マレヨ
　　필요하면 말해요.

③ 全部読んだら貸してください。
　　　タ　イルグミョン　　　ビルリョジュセヨ
　　다 읽으면 빌려주세요.

④ 夜になれば寒いです。
　　　　バミ　トゥエミョン　チュウォヨ
　　밤이 되면 추워요.

練習

1　単語を「～すれば、～ならば」の形にしてみましょう。

① 가다（行く）　　　　　　　　　_____

② 쓰다（使う）　　　　　　　　　_____

③ 먹다（食べる）　　　　　　　　_____

④ 찾다（探す）　　　　　　　　　_____

⑤ 읽다（読む）　　　　　　　　　_____

⑥ 만들다（作る）　　　　　　　　_____

⑦ 필요하다（必要だ）　　　　　　_____

⑧ 좋다（いい）　　　　　　　　　_____

⑨ 나쁘다（悪い）　　　　　　　　_____

⑩ 되다（なる）　　　　　　　　　_____

《 解答 》

1　① 가면　② 쓰면　③ 먹으면　④ 찾으면　⑤ 읽으면　⑥ 만들면　⑦ 필요하면　⑧ 좋으면　⑨ 나쁘면　⑩ 되면

Step3　応用文法をマスター

～すればいい
語幹＋(으)면 되다
ウ ミョン トゥエダ

　Lesson30で「～すれば」という仮定や条件の表現を学びましたが、それを応用させた「～すればいい」という助言の表現を学びましょう。

～すればいい

●**語幹末にパッチムがない場合：면 돼요をつける**
ミョン トゥェヨ

作り方 타다 乗る
タダ

語幹 タ　 ミョントゥェヨ　 タミョン トゥエヨ
타 ＋ 면 돼요 → 타면 돼요

乗ればいいです

●**語幹末にパッチムがある場合：으면 돼요をつける**
ウミョン トゥェヨ

作り方 앉다 座る
アンタ

語幹 アン　 ウミョントゥェヨ　 アンズミョン トゥェヨ
앉 ＋ 으면 돼요 → 앉으면 돼요

座ればいいです

●**語幹末がㄹパッチムの場合：면 돼요**
ミョン トゥェヨ

作り方 열다 開ける
ヨルダ

語幹 ヨル　 ミョントゥェヨ　 ヨルミョントゥェヨ
열 ＋ 면 돼요 → 열면 돼요

開ければいいです

？をつけて疑問文にすると「～すればいいですか？」という助言を求める表現になります。

単語帳 薬を飲む 약을 먹다 / 地下鉄 지하철 / 手伝ってあげる 도와주다
ヤグル モクタ チハチョル トワジュダ

助言の表現は、用言の語幹末にパッチムがない場合は면 _{ミョン}돼요_{トゥェヨ}、ある場合は으면_{ウミョン}돼요_{トゥェヨ}を語幹につけます。語幹末がㄹパッチムの場合もそのまま면 _{ミョン}돼요_{トゥェヨ}をつけます。돼요_{トゥェヨ}は「なる、できる、十分だ」という意味の되다_{トゥェダ}を活用させた形で、ハムニダ体では됩니다_{トゥェムニダ}になります。

【 例文 】

① 4時に来ればいいです。
　4시에 오면 돼요.
　_{ネシエ　オミョン　トゥェヨ}

② これだけ知っていればいいです。
　이것만 알면 돼요.
　_{イゴンマン　アルミョン　トゥェヨ}

③ 薬を飲めばいいです。
　약을 먹으면 돼요.
　_{ヤグル　モグミョン　トゥェヨ}

④ どうすればいいですか？
　어떻게 하면 돼요?
　_{オットケ　ハミョン　トゥェヨ}

⑤ 地下鉄で行けばいいですか？
　지하철로 가면 돼요?
　_{チハチョルロ　カミョン　トゥェヨ}

⑥ 何を手伝えばいいですか？
　무엇을 도와주면 돼요?
　_{ムオスル　トワジュミョン　トゥェヨ}

～してはいけない

行ってはいけません。
가면 안 돼요.
_{カミョン アン ドゥェヨ}
行く してはいけません

撮ってはいけません。
찍으면 안 돼요.
_{ッチグミョン アン ドゥェヨ}
撮る してはいけません

助言の表現に否定の意味をもつ안_{アン}をつけるだけです。

(으)면 _{ウ ミョン}　안 _{アン}　되다 _{トゥェダ}

助言の表現に対し、「～してはいけない」という禁止や不許可の表現は、돼요_{トゥェヨ}の前に否定の안_{アン}をつけて、(으)면 안 돼요_{ウ ミョン アンドゥェヨ}と表します。

【 例文 】

1 絶対に忘れてはいけません。

절대 잊으면 안 돼요.
<ruby>チョルテ<rt></rt></ruby> イズミョン アン ドゥエヨ

2 無理をしてはいけません。

무리를 하면 안 돼요.
ムリルル ハミョン アン ドゥエヨ

3 教室で騒いではいけません。

교실에서 떠들면 안 돼요.
キョシレソ ットゥドゥルミョンアン ドゥエヨ

4 お姉さんのようにお菓子ばかり食べてはいけません。

언니처럼 과자만 먹으면 안 돼요.
オンニチョロム クァジャマン モグミョン アン ドゥエヨ

5 友達も一緒に遊びに行ってはいけませんか?

친구도 같이 놀러 가면 안 돼요?
チングド カチ ノルロ ガミョン アン ドゥエヨ

+α 助詞「〜だけ」

「〜だけ、〜ばかり」という限定や強調を表す助詞は만を使います。

〜だけ	만 マン	例 오늘만 / 이것만 オヌルマン イゴンマン 今日だけ これだけ

+α 助詞「〜のように」

「〜のように、〜みたいに」という比較や比喩を表す助詞は처럼を使います。

〜のように	처럼 チョロム	例 선생님처럼 / 친구처럼 ソンセンニムチョロム チングチョロム 先生のように 友達のように

単語帳 絶対 절대^{チョルテ} / 忘れる 잊다^{イッタ} / 無理 무리^{ムリ} / 騒ぐ 떠들다^{ットゥドゥルダ} / お菓子 과자^{クァジャ}

練習

1 単語を「〜すればいいです」「〜してはいけません」の形にしてみましょう。❶〜❿は「〜すればいいです」、⓫〜⓯は「〜してはいけません」の形にしましょう。

❶ 가다（行く）

❷ 오다（来る）

❸ 먹다（食べる）

❹ 알다（知る）

❺ 만들다（作る）

❻ 기다리다（待つ）

❼ 하다（する）

❽ 타다（乗る）

❾ 공부하다（勉強する）

❿ 전화하다（電話する）

⓫ 잊다（忘れる）

⓬ 놀다（遊ぶ）

⓭ 떠들다（騒ぐ）

⓮ 찍다（撮る）

⓯ 팔다（売る）

《 解 答 》

1 ❶ 가면 돼요 ❷ 오면 돼요 ❸ 먹으면 돼요 ❹ 알면 돼요 ❺ 만들면 돼요 ❻ 기다리면 돼요 ❼ 하면 돼요 ❽ 타면 돼요 ❾ 공부하면 돼요 ❿ 전화하면 돼요 ⓫ 잊으면 안 돼요 ⓬ 놀면 안 돼요 ⓭ 떠들면 안 돼요 ⓮ 찍으면 안 돼요 ⓯ 팔면 안 돼요

🎤 34

〜しましょう
語幹＋（으）ㅂ시다

갑시다_{カプシダ}「行きましょう」のような勧誘の表現を学びましょう。

〜しましょう

●**語幹末にパッチムがない場合：ㅂ시다^{プシダ}をつける**

作り方　**가다**^{カダ} 行く

가^カ＋**ㅂ시다**^{プシダ}→**갑시다**^{カプシダ}
語幹　　　　　　　　　行きましょう

> （으）^ウㅂ시다^{プシダ}は
> 強い勧誘を表すため、
> 目上の人に対しては
> 使いません。

●**語幹末にパッチムがある場合：읍시다^{ウプシダ}をつける**

作り方　**찍다**^{ツチクタ} 撮る

찍^{ツチク}＋**읍시다**^{ウプシダ}→**찍읍시다**^{ツチグプシダ}
語幹　　　　　　　　　撮りましょう

●**語幹末がㄹパッチムの場合：ㄹをとってㅂ시다^{プシダ}をつける**

作り方　**만들다**^{マンドゥルダ} 作る

만듣^{マンドゥル}＋**ㅂ시다**^{プシダ}→**만듭시다**^{マンドゥプシダ}
語幹　　　　　　　　　　作りましょう
╱ ㄹをとる ╲

　　勧誘の表現は、動詞の語幹末にパッチムがない場合はㅂ시다^{プシダ}、ある場合は읍시다^{ウプシダ}を語幹につけます。語幹末がㄹパッチムの場合はㄹをとってㅂ시다^{プシダ}をつけます。

単語帳　冷麺 냉면^{ネンミョン} / もっと、さらに 더^ト / （電話を）切る 끊다^{ックンタ} / 我慢する 참다^{チャムタ} / 置く 놓다^{ノタ} / キンパプ 김밥^{キムパプ}

【 例文 】

① 冷麺を食べましょう。
　　ネンミョヌル　　モグプシダ
　　냉면을 먹읍시다.

② もう少し考えてみましょう。
　　チョム ド　センガケ　　ボプシダ
　　좀 더 생각해 봅시다.

③ 夕食を作りましょう。
　　チョニョグル　マンドゥプシダ
　　저녁을 만듭시다.

④ 連絡を待ちましょう。
　　ヨルラグル　　キダリプシダ
　　연락을 기다립시다.

練習

1 単語を「〜しましょう」の形にしてみましょう。

① 입다（着る）　＿＿＿＿＿

② 공부하다（勉強する）　＿＿＿＿＿

③ 만들다（作る）　＿＿＿＿＿

④ 읽다（読む）　＿＿＿＿＿

⑤ 찍다（撮る）　＿＿＿＿＿

⑥ 살다（住む）　＿＿＿＿＿

⑦ 생각하다（考える）　＿＿＿＿＿

⑧ 끊다（(電話を)切る）　＿＿＿＿＿

⑨ 참다（我慢する）　＿＿＿＿＿

⑩ 놓다（置く）　＿＿＿＿＿

2 日本語に合わせて文を作りましょう。

① 週末に映画を見に行きましょう。　보러 가다（見に行く）

　⇒주말에 영화를 ＿＿＿＿＿＿＿＿＿＿＿＿＿＿＿.

② キンパプを作りましょう。　만들다（作る）

　⇒김밥을 ＿＿＿＿＿＿＿＿＿＿＿＿＿＿＿.

③ 一緒に歌を歌いましょう。　부르다（歌う）

　⇒같이 노래를 ＿＿＿＿＿＿＿＿＿＿＿＿＿＿＿.

- -

《 解答 》

1 **①** 입읍시다 **②** 공부합시다 **③** 만듭시다 **④** 읽읍시다 **⑤** 찍읍시다 **⑥** 삽시다 **⑦** 생각합시다
　　⑧ 끊읍시다 **⑨** 참읍시다 **⑩** 놓읍시다

2 **①** 보러 갑시다 **②** 만듭시다 **③** 부릅시다

1 고 싶어요(?)を使って「〜したいです（か?）」というへヨ体の文を作りましょう。

❶ 友達に会いたいです。（友達　친구 / 会う　만나다）

_____ .

❷ スカートをはきたいですか?（スカート　치마 / はく、着る　입다）

_____

❸ 韓国に留学したいです。（韓国　한국 / 留学する　유학하다）

_____ .

❹ 音楽を聞きたいです。（音楽　음악 / 聞く　듣다）

_____ .

2 ❶〜❷は못、❸〜❹は지 못하다を使って、「〜できません」というへヨ体の文を完成させましょう。

❶ 明日は会社に行けません。（行く　가다）

내일은 회사에 _____ .

❷ 犯人を絶対に許せません。（許す　용서하다）

범인을 절대로 _____ .

❸ これ以上は食べられません。（食べる　먹다）

더 이상은 _____ .

❹ 英語は上手くできません。（上手だ　잘하다）

영어는 _____ .

3 ㄹ/을 수 있다/없다を使って、「〜することができる／できない」
というヘヨ体の文を作りましょう。

❶ 手紙を受け取ることができます。（手紙　편지 / 受け取る　받다）

_____ .

❷ このカバンを買うことができますか？（このカバン　이 가방 / 買う　사다）

_____

❸ 韓国語の本を読むことができません。
（韓国語の本　한국어 책 / 読む　읽다）

_____ .

❹ 明日まで完成させられますか？
（明日まで　내일 까지 / 完成する　완성하다）

_____

4 ❶〜❷は고、❸〜❺は아서/어서を使って、「〜して、〜くて」
というヘヨ体の文を完成させましょう。

❶ 値段も安くて簡単に作れます。（安い　싸다）
가격도 _____ 간단하게 만들 수 있어요 .

❷ 朝ごはんを食べて学校に行きました。（食べる　먹다）
아침을 _____ 학교에 갔어요 .

❸ 百貨店に行って買い物をしました。（行く　가다）
백화점에 _____ 쇼핑을 했어요 .

❹ メニューが多くて決められません。（多い　많다）
메뉴가 _____ 정하지 못해요 .

❺ ドラマがおもしろくてすっかりハマりました。（おもしろい　재미있다）
드라마가 _____ 푹 빠졌어요 .

5

「〜だから、なので」「〜だけれども」という表現を使ったヘヨ体の文を完成させましょう。❶〜❸は니까/으니까、❹〜❺は지만を使ってみましょう。❷〜❸はㅂ変則（→P37）に注意しましょう。

❶ 駅まで遠いから早く出発しましょう。（遠い　멀다）

역까지 ＿＿＿＿＿＿＿ 빨리 출발합시다.

❷ 外は寒いから温かく着てください。（寒い　춥다）

밖이 ＿＿＿＿＿＿＿ 따뜻하게 입으세요.

❸ 道が滑りやすいので気をつけてください。（滑りやすい　미끄럽다）

길이 ＿＿＿＿＿＿＿＿ 조심하세요.

❹ 本当に高いですが、どうしても欲しいです。（高い　비싸다）

정말 ＿＿＿＿＿＿＿ 꼭 갖고 싶어요.

❺ 物語は長いですが、見ごたえがあります。（長い　길다）

이야기가 ＿＿＿＿＿＿ 볼 만해요.

6

아/어 주세요を使って、「〜してください」という文を作りましょう。

❶ 一度訪問してください。（一度　한번 / 訪問する　방문하다）

＿＿＿＿＿＿＿＿＿＿＿＿＿＿＿＿＿＿＿＿＿ .

❷ メニューを見せてください。（メニュー　메뉴 / 見せる　보이다）

＿＿＿＿＿＿＿＿＿＿＿＿＿＿＿＿＿＿＿＿＿ .

❸ 電話番号を教えてください。（電話番号　전화번호 / 教える　가르치다）

＿＿＿＿＿＿＿＿＿＿＿＿＿＿＿＿＿＿＿＿＿ .

❹ 部屋を変えてください。（部屋　방 / 変える　바꾸다）

＿＿＿＿＿＿＿＿＿＿＿＿＿＿＿＿＿＿＿＿＿ .

❺ 朝6時に起こしてください。（朝6時　아침 6시 / 起こす　깨우다）

＿＿＿＿＿＿＿＿＿＿＿＿＿＿＿＿＿＿＿＿＿ .

7　지 마세요を使って、「～しないでください」という文を作りましょう。

❶ ここで写真を撮らないでください。
（ここで　여기서 / 写真を撮る 사진을 찍다）

_____ .

❷ 教室に入らないでください。（教室　교실 / 入る　들어가다）

_____ .

❸ 大きな声を出さないでください。（大きな声　큰소리 / 出す　내다）

_____ .

❹ ゴミを捨てないでください。（ゴミ　쓰레기 / 捨てる　버리다）

_____ .

8　(으)면を使って、「～なら、～すれば」という表現を使ったヘヨ
体の文を完成させましょう。

❶ 部屋が広かったらいいですね。（広い　넓다）
방이 _____ 좋겠어요 .

❷ 友達が到着したら出発しましょう。（到着する　도착하다）
친구가 _____ 출발해요 .

❸ お電話してくれれば迎えに行きます。（電話してくれる　전화해 주다）
_____ 마중 나갈게요 .

❹ 疲れたのなら休んでください。（疲れる　힘들다）
_____ 쉬세요 .

❺ 時間があれば遊びに来てください。（ある　있다）
시간이 _____ 놀러 오세요 .

9 （으）면 （안）돼요を使って、「〜すればいいです」「〜してはいけません」という表現を使った文を作りましょう。

1 冷蔵庫で保管すればいいです。（冷蔵庫　냉장고 / 保管する　보관하다）

_____.

2 明日受け取りに来たらいいです。
（明日　내일 / 受け取りに来る　받으러 오다）

_____.

3 これ以上無理してはいけません。
（これ以上　더 이상 / 無理する　무리하다）

_____.

4 暗証番号を忘れてはいけません。
（暗証番号　비밀번호 / 忘れる　잊다）

_____.

10 （으）ㅂ시다を使って、「〜しましょう」という文を作りましょう。

1 一緒に遊びましょう。（一緒　같이 / 遊ぶ　놀다）

_____.

2 韓国料理を作りましょう。（韓国料理　한국 요리 / 作る　만들다）

_____.

3 歌を歌いましょう。（歌を歌う　노래를 부르다）

_____.

4 図書館では静かにしましょう。
（図書館　도서관 / 静かにする　조용히 하다）

_____.

《 解 答 》

1 ❶ 친구를 만나고 싶어요　❷ 치마를 입고 싶어요?　❸ 한국에 유학하고 싶어요　❹ 음악을 듣고 싶어요 （→ Lesson21 参照）

2 ❶ 못 가요　❷ 용서 못 해요　❸ 먹지 못해요　❹ 잘하지 못해요 （→ Lesson22 参照）

3 ❶ 편지를 받을 수 있어요　❷ 이 가방을 살 수 있어요?　❸ 한국어 책을 읽을 수 없어요　❹ 내일까지 완성할 수 있어요? （→ Lesson23 参照）

4 ❶ 싸고　❷ 먹고　❸ 가서　❹ 많아서　❺ 재미있어서 （→ Lesson24 ～ 25 参照）

5 ❶ 머니까　❷ 추우니까　❸ 미끄러우니까　❹ 비싸지만　❺ 길지만 （→ Lesson26 ～ 27 参照）

6 ❶ 한번 방문해 주세요　❷ 메뉴를 보여 주세요　❸ 전화번호를 가르쳐 주세요　❹ 방을 바꿔 주세요　❺ 아침 6 시에 깨워 주세요 （→ Lesson28 参照）

7 ❶ 여기서 사진을 찍지 마세요　❷ 교실에 들어가지 마세요　❸ 큰소리를 내지 마세요　❹ 쓰레기를 버리지 마세요 （→ Lesson29 参照）

8 ❶ 넓으면　❷ 도착하면　❸ 전화해 주면　❹ 힘들면　❺ 있으면 （→ Lesson30 参照）

9 ❶ 냉장고에 보관하면 돼요　❷ 내일 받으러 오면 돼요　❸ 더 이상 무리하면 안 돼요　❹ 비밀번호를 잊으면 안 돼요 （→ Lesson31 参照）

10 ❶ 같이 놉시다　❷ 한국 요리를 만듭시다　❸ 노래를 부릅시다　❹ 도서관에서는 조용히 합시다 （→ Lesson32 参照）

고や아/어서などの
接続語尾の使い分けは
例文を作ってみると
わかりやすいでしょう！

禁止や勧誘の表現は
K-POPの歌詞や
ドラマの台詞でも
よく使われています！

🎤35

～しましょうか？
語幹＋(<ruby>으<rt>ウ</rt></ruby>)ㄹ<ruby>까요<rt>ルッカヨ</rt></ruby>？

<ruby>갈까요<rt>カルッカヨ</rt></ruby>？「行きましょうか？」、<ruby>열까요<rt>ヨルッカヨ</rt></ruby>？「開けましょうか？」のように、相手に問いかけて提案したり、相手の意思を尋ねたりする表現を学びましょう。

～しましょうか？

● **語幹末にパッチムがない場合**：ㄹ<ruby>까요<rt>ルッカヨ</rt></ruby>？をつける

作り方 <ruby>주다<rt>チュダ</rt></ruby> あげる

<ruby>주<rt>チュ</rt></ruby> ＋ ㄹ<ruby>까요<rt>ルッカヨ</rt></ruby>？ → <ruby>줄까요<rt>チュルッカヨ</rt></ruby>？
語幹　　　　　　　　　　　　あげましょうか？

● **語幹末にパッチムがある場合**：을<ruby>까요<rt>ウルッカヨ</rt></ruby>？をつける

作り方 <ruby>닫다<rt>タッタ</rt></ruby> 閉める

<ruby>닫<rt>タッ</rt></ruby> ＋ <ruby>을까요<rt>ウルッカヨ</rt></ruby>？ → <ruby>닫을까요<rt>タドゥルッカヨ</rt></ruby>？
語幹　　　　　　　　　　　　閉めましょうか？

● **語幹末がㄹパッチムの場合**：ㄹをとってㄹ<ruby>까요<rt>ルッカヨ</rt></ruby>？をつける

作り方 <ruby>밀다<rt>ミルダ</rt></ruby> 押す

<ruby>밀<rt>ミル</rt></ruby> ＋ ㄹ<ruby>까요<rt>ルッカヨ</rt></ruby>？ → <ruby>밀까요<rt>ミルッカヨ</rt></ruby>？
語幹　　　　　　　　　　　　押しましょうか？
／ㄹをとる＼

<ruby>아<rt>ア</rt></ruby>/<ruby>어<rt>オ</rt></ruby> <ruby>주다<rt>ジュダ</rt></ruby>「～てあげる」、<ruby>아<rt>ア</rt></ruby>/<ruby>어<rt>オ</rt></ruby> <ruby>드리다<rt>ドゥリダ</rt></ruby>「～てさしあげる」という授受表現と一緒に使うことがあります。

 単語帳 百貨店 <ruby>백화점<rt>ペクァジョム</rt></ruby> / 代わりに <ruby>대신<rt>テシン</rt></ruby> / 差し上げる <ruby>드리다<rt>トゥリダ</rt></ruby>

　提案の表現は、用言の語幹末にパッチムがない場合は ^{ルッカヨ}ㄹ까요?、ある場合は ^{ウルッカヨ}을까요?を語幹につけます。語幹末がㄹパッチムの場合はㄹをとって ^{ルッカヨ}ㄹ까요?をつけます。

〔 例文 〕

1 明日一緒に行きましょうか？
^{ネイル}내일 ^{カチ}같이 ^{カルッカヨ}갈까요?

2 コーヒーでも飲みましょうか？
^{コピナ}커피나 ^{マシルッカヨ}마실까요?

3 百貨店の前で会いましょうか？
^{ペクァジョム}백화점 ^{アペソ}앞에서 ^{マンナルッカヨ}만날까요?

4 私が代わりにお送りしましょうか？
^{チェガ}제가 ^{テシン}대신 ^{ポネドゥリルッカヨ}보내드릴까요?

勧誘や提案の場面で
よく使われます！

〜でしょうか？

明日は雨が降るでしょうか？
^{ネイルン}내일은 ^{ピガ}비가 ^{オルッカヨ}올까요?
明日　は　雨　が　降るでしょうか

サイズが合うでしょうか？
^{サイズガ}사이즈가 ^{マズルッカヨ}맞을까요?
サイズ　が　合うでしょうか

まだ起きていないことや、わからないことに対する話し手の推測や疑問も表します。

主語が1人称の場合は推測の意味にはなりません。

　(^ウ으)^{ルッカヨ}ㄹ까요?は主語が3人称の場合、「〜でしょうか？」という話し手の推測や疑問を表す表現にもなります。主に会話で使われる表現です。

【 例文 】

① 連絡が来るでしょうか？
ヨルラギ　オルッカヨ
연락이 올까요?

② 他の方法がないでしょうか？
タルン　バンボビ　オプスルッカヨ
다른 방법이 없을까요?

③ 誰か手伝ってくれる人はいないでしょうか？
ヌグ　トワジュル　サラミ　オプスルッカヨ
누구 도와줄 사람이 없을까요?

④ 何がいちばんおいしいでしょうか？
ムォガ　チェイル　マシッスルッカヨ
뭐가 제일 맛있을까요?

⑤ もう到着したでしょうか？
イジェ　トチャケッスルッカヨ
이제 도착했을까요?

+α 助詞「〜でも」

「〜でも」という譲歩や選択を表す助詞は(이)나または(이)라도を使います。
(이)나は2つ以上の対象を羅列したり、そのうちのどれでも構わないことを表します。(이)라도は最善ではないけれどそれなりに大丈夫なことや、どの場合でも同じであることを表します。

〜でも	パッチムなし ナ 나	例	チャナ　ヌグナ **차나 / 누구나** お茶でも 誰でも
	パッチムあり イナ 이나	例	バビナ　チョニョギナ **밥이나 / 저녁이나** ごはんでも 夕食でも
〜でも	パッチムなし ラド 라도	例	チョラド　ヨンファラド **저라도 / 영화라도** 私でも　映画でも
	パッチムあり イラド 이라도	例	ラミョニラド　ウマギラド **라면이라도 / 음악이라도** ラーメンでも　音楽でも

単語帳 方法 **방법** バンボプ / 案内する **안내하다** アンネハダ / 包装する **포장하다** ポジャンハダ / 閉める **닫다** タッタ

練習

1 単語を「〜しましょうか?、〜でしょうか?」の形にしてみましょう。

① 안내하다（案内する）　＿＿＿＿＿＿＿＿＿＿

② 놀다（遊ぶ）　＿＿＿＿＿＿＿＿＿＿

③ 먹다（食べる）　＿＿＿＿＿＿＿＿＿＿

④ 도와주다（助ける）　＿＿＿＿＿＿＿＿＿＿

⑤ 만나다（会う）　＿＿＿＿＿＿＿＿＿＿

⑥ 포장하다（包装する）　＿＿＿＿＿＿＿＿＿＿

⑦ 드리다（差し上げる）　＿＿＿＿＿＿＿＿＿＿

⑧ 닫다（閉める）　＿＿＿＿＿＿＿＿＿＿

⑨ 있다（ある、いる）　＿＿＿＿＿＿＿＿＿＿

⑩ 없다（ない、いない）　＿＿＿＿＿＿＿＿＿＿

2 日本語に合わせてヘヨ体の文を作りましょう。

① 一緒にいましょうか?　있다（いる）

⇒같이 ＿＿＿＿＿＿＿＿＿＿＿＿＿＿＿＿＿

② 写真を撮りましょうか?　찍다（撮る）

⇒사진을 ＿＿＿＿＿＿＿＿＿＿＿＿＿＿＿＿

③ 私が代わりにやりましょうか?　하다（する）

⇒내가 대신 ＿＿＿＿＿＿＿＿＿＿＿＿＿＿

《 解 答 》

1 ① 안내할까요? ② 놀까요? ③ 먹을까요? ④ 도와줄까요? ⑤ 만날까요? ⑥ 포장할까요?
⑦ 드릴까요? ⑧ 닫을까요? ⑨ 있을까요? ⑩ 없을까요?

2 ① 있을까요? ② 찍을까요? ③ 할까요?

〜してもいい
語幹＋아/어도 되다

앉아도 돼요「座ってもいいです」、먹어도 돼요？「食べてもいいですか？」のように、「〜してもいい」という許可を表す表現を学びましょう。

〜してもいい

● 陽母音語幹用言の場合：아도 돼요をつける

作り方 받다 もらう

받＋아도 돼요→받아도 돼요
語幹　　　　　　　もらってもいいです

?をつければ「〜してもいいですか？」という許すを尋ねる表現になります。

● 陰母音語幹用言の場合：어도 돼요をつける

作り方 섞다 混ぜる

섞＋어도 돼요→섞어도 돼요
語幹　　　　　　　混ぜてもいいです

● 하다用言の場合：語幹末の하が해도 돼요になる

作り方 사용하다 使用する

사용하→사용해도 돼요
語幹　　　使用してもいいです
／해도 돼요になる＼

許可の表現は、用言の語幹末の母音が陽母音(ト・ㅗ)の場合は아도 돼요（アド ドゥェヨ）を、陰母音(ト・ㅗ以外)の場合は어도 돼요を語幹につけます。하다（ハダ）用言は해도 돼요（ヘド ドゥェヨ）となります。ハムニダ体では아/어도 됩니다（ア オド ドゥェムニダ）となります。

【 例文 】

❶ 家に行ってもいいです。
　　집에 가도 돼요.
　　（チベ カド ドゥェヨ）

❷ 座ってもいいですか？
　　앉아도 돼요?
　　（アンジャド ドゥェヨ）

❸ 食べてもいいですか？
　　먹어도 돼요?
　　（モゴド ドゥェヨ）

❹ 電話してもいいですか？
　　전화해도 돼요?
　　（チョヌァヘド ドゥェヨ）

練習

1 単語を「〜してもいいです」の形にしてみましょう。

❶ 받다（もらう）　＿＿＿＿＿＿＿＿＿

❷ 가다（行く）　＿＿＿＿＿＿＿＿＿

❸ 먹다（食べる）　＿＿＿＿＿＿＿＿＿

❹ 빌리다（借りる）　＿＿＿＿＿＿＿＿＿

❺ 사용하다（使用する）　＿＿＿＿＿＿＿＿＿

❻ 전화하다（電話する）　＿＿＿＿＿＿＿＿＿

❼ 섞다（混ぜる）　＿＿＿＿＿＿＿＿＿

❽ 앉다（座る）　＿＿＿＿＿＿＿＿＿

《 解答 》

1　❶ 받아도 돼요　❷ 가도 돼요　❸ 먹어도 돼요　❹ 빌려도 돼요　❺ 사용해도 돼요　❻ 전화해도 돼요　❼ 섞어도 돼요　❽ 앉아도 돼요

～しなければならない
語幹+아/어야 되다
<small>ア オヤ ドゥエダ</small>

<small>カヤ ドゥエヨ</small>
가야 돼요「行かなければなりません」のように、「～しなければならない」という義務を表す表現を学びましょう。

～しなければならない

●**陽母音語幹用言の場合**：아야 돼요をつける
<small>アヤ ドゥエヨ</small>

> 作り方　찾다（荷物を）受け取る
> <small>チャッタ</small>

<small>チャッ アヤ ドゥエヨ チャジャヤ ドゥエヨ</small>
찾 + 아야 돼요 → 찾아야 돼요
語幹
　　　　　　受け取らなければなりません

●**陰母音語幹用言の場合**：어야 돼요をつける
<small>オヤ ドゥエヨ</small>

> 作り方　씻다 洗う
> <small>ッシッタ</small>

<small>ッシッ オヤ ドゥエヨ ッシソヤ ドゥエヨ</small>
씻 + 어야 돼요 → 씻어야 돼요
語幹
　　　　　　洗わなければなりません

●하다用言の場合：語幹末の하が해야 돼요になる
<small>ハダ</small>　　　　　　　　　　　<small>ハ ヘヤ ドゥエヨ</small>

> 作り方　공부하다 勉強する
> <small>コンブハダ</small>

<small>コンブハ コンブヘヤ ドゥエヨ</small>
공부하 → 공부해야 돼요
　語幹　　勉強しなければなりません
／<small>ヘヤ ドゥエヨ</small>＼
해야 돼요になる

> ?をつけて疑問文にすると「～しなければならないですか？」という義務を尋ねる表現になります。

単語帳 守る 지키다 / 許可 허락 / 社会人 사회인 / 責任感 책임감 / 持つ 가지다
<small>チキダ　　　　ホラク　　　　サフェイン　　　　　チェギムガム　　　　カジダ</small>

義務の表現は、用言の語幹末の母音が陽母音(ㅏ・ㅗ)の場合は아야 돼요を、陰母音(ㅏ・ㅗ以外)の場合は어야 돼요を語幹につけます。하다用言の場合は해야 돼요となります。ハムニダ体では아/어야 됩니다となります。

【 例文 】

1 約束を守らなければなりません。
약속을 지켜야 돼요.

2 学校に行かなければなりません。
학교에 가야 돼요.

3 両親に許可を得なければなりません。
부모님께 허락을 받아야 돼요.

> 母音の脱落や結合は
> Lesson15(→P59)を
> 確認しましょう!

4 毎日運動しなければなりません。
매일 운동해야 돼요.

5 いつまでに連絡しなければなりませんか?
언제까지 연락해야 돼요?

6 社会人として責任感を持たなければなりません。
사회인으로서 책임감을 가져야 돼요.

Check!

同じく義務を表す아/어야 하다

되다の代わりに하다を使って、아/어야 해요という形でも義務の意味を表すことができます。2つに大きな意味の違いはなく、会話では돼요、文章や書類などでは해요が多く使われます。

+α 助詞「～として」

「～として」という身分や立場を表す助詞は(으)로서を使います。名詞の最後にパッチムがない場合は로서、ある場合は으로서を使います。またㄹパッチムの場合は로서を使います。

～として	パッチムなし （ㄹパッチム） ロソ 로서	例	チングロソ 친구로서 ／ アボジロソ 아버지로서 友達として　　父として
	パッチムあり ウロソ 으로서	例	ソンセンニムロソ 선생님으로서 ／ ハクセンウロソ 학생으로서 先生として　　学生として

column 되다〔トゥェダ〕がつく文法の使い分け

ここまで되다〔トゥェダ〕がつく文法を紹介してきましたが、それぞれの意味の違いを整理しましょう。

●(으)면 되다〔ウ ミョン トゥェダ〕「～すればいい」（Lesson31→P126）

行けばいいです。

가면 돼요〔カミョン トゥェヨ〕. → **助言や説明の表現**

●아／어도 되다〔ア オド トゥェダ〕「～してもいい」（Lesson34→P142）

行ってもいいです。

가도 돼요〔カド ドゥェヨ〕. → **許可の表現**

●아／어야 되다〔ア オヤ トゥェダ〕「～しなければならない」（Lesson35→P144）

行かなければなりません。

가야 돼요〔カヤ ドゥェヨ〕. → **義務や条件の表現**

　単語帳　空港 공항〔コンハン〕／ 規則 규칙〔キュチッ〕

練習

1 単語を「〜しなければならない」の形にしてみましょう。

① 사용하다（使用する）　_____

② 만나다（会う）　_____

③ 알다（知る）　_____

④ 빌리다（借りる）　_____

⑤ 있다（ある、いる）　_____

⑥ 공부하다（勉強する）　_____

⑦ 받다（もらう）　_____

⑧ 찾다（探す）　_____

⑨ 만들다（作る）　_____

⑩ 하다（する）　_____

2 日本語に合わせてヘヨ体の文を作りましょう。

① 9時までに空港に到着しなければなりません。　도착하다（到着する）

⇒ 9시까지 공항에 _____ .

② 責任感を持たなければいけません。　가지다（持つ）

⇒ 책임감을 _____ .

③ 規則は守らなければいけません。　지키다（守る）

⇒ 규칙은 _____ .

....

《 解答 》

1　❶ 사용해야 돼요　❷ 만나야 돼요　❸ 알아야 돼요　❹ 빌려야 돼요　❺ 있어야 돼요　❻ 공부해야
돼요　❼ 받아야 돼요　❽ 찾아야 돼요　❾ 만들어야 돼요　❿ 해야 돼요

2　❶ 도착해야 돼요　❷ 가져야 돼요　❸ 지켜야 돼요

🎙38

～している
語幹+고 있다
<small>コ イッタ</small>

<small>ボゴ イッソヨ</small>보고 있어요「見ています」、<small>モッコ イッソヨ</small>먹고 있어요「食べています」のように、進行中の動作や現在の状態を表す表現を学びましょう。

～している（動作の進行）

ドラマを見ています。
<small>トゥラマルル　ボゴ　イッソヨ</small>
드라마를 보고 있어요.
<small>ドラマ　を　見　ています</small>

語幹にそのまま고 있어요<small>コ イッソヨ</small>をつけます。

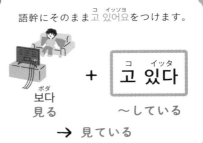

+　**고 있다**<small>コ イッタ</small>

<small>ボダ</small>보다
見る
→ 見ている

～している

現在も進行している動作や、習慣的な行動は、動詞の語幹に고 있다<small>コ イッタ</small>をつけて活用します。ハムニダ体は고 있습니다<small>コ イッスムニダ</small>、ヘヨ体は고 있어요<small>コ イッソヨ</small>になります。

【 例文 】

① ごはんを食べています。
<small>バブル　モッコ　イッソヨ</small>
밥을 먹고 있어요.

② 本を読んでいます。
<small>チェグル　イルコ　イッソヨ</small>
책을 읽고 있어요.

③ 週末ごとに一生懸命運動しています。
<small>チュマルマダ　ヨルシミ　ウンドンハゴ　イッソヨ</small>
주말마다 열심히 운동하고 있어요.

④ 最近料理教室に通っています。
<small>ヨジュム　ヨリ　キョシレ　タニゴ　イッソヨ</small>
요즘 요리 교실에 다니고 있어요.

単語帳 一生懸命 열심히<small>ヨルシミ</small> / 最近 요즘<small>ヨジュム</small> / 料理教室 요리 교실<small>ヨリ キョシル</small> / 通う 다니다<small>タニダ</small>

～している（状態の継続）

● **陽母音語幹用言の場合**：アイッソヨ 아 있어요をつける

> 作り方　ナムタ 남다　残る

ナム ア イッソヨ　　　ナマ イッソヨ
남 ＋ 아 있어요 → 남아 있어요
語幹　　　　　　　　　　残っています

● **陰母音語幹用言の場合**：オ イッソヨ 어 있어요をつける

> 作り方　トゥルダ 들다　入る

トゥル オ イッソヨ　　トゥロ イッソヨ
들 ＋ 어 있어요 → 들어 있어요
語幹　　　　　　　　　　入っています

● ハダ 하다**用言の場合**：語幹末のハ 하がヘ イッソヨ 해 있어요になる

> 作り方　イブォナダ 입원하다　入院する

イブォナ　　　イブォネ イッソヨ
입원하 → 입원해 있어요
　語幹　　　　　入院しています
　╱ヘ イッソヨ 해 있어요になる

オゴ イッタ
오고 있다

ワ イッタ
와 있다

→ （今）来ている　　→ 来て（到着して）いる

オゴ イッタ 오고 있다はこちらに向かっている「動作」を、ワ 와イッタ 있다はすでに来ている「状態」を表します。

　コ イッソヨ 고 있어요は現在も動作が進行しているのに対し、動作が完了した状態が続いている様子は、ア オ イッソヨ 아/어 있어요と表します。아/어 있어요は目的語を必要としない動詞（自動詞）にしか使えません。

【 例文 】

1 旅行に行っています。
ヨヘンウル　カ　イッソヨ
여행을 가 있어요.

2 本に何と書いてありますか?
チェゲ　ムォラゴ　ッソ　イッソヨ
책에 뭐라고 써 있어요?

3 傷がまだ残っています。
サンチョガ　アジン　ナマ　イッソヨ
상처가 아직 남아 있어요.

4 外に人が立っています。
バッケ　サラミ　ソ　イッソヨ
밖에 사람이 서 있어요.

5 どこに座っていますか?
オディエ　アンジャ　イッソヨ
어디에 앉아 있어요?

6 今ソウルに来ています。
チグム　ソウレ　ワ　イッソヨ
지금 서울에 와 있어요.

+α 助詞「～ごとに」

「～ごとに、毎～」という時間の間隔を表す助詞は마다(マダ)を使います。

～ごとに	マダ 마다	例	ハンシガンマダ　　　　アチムマダ 1시간마다 ／ 아침마다 1 時間ごとに　　　毎朝

Check!

고 있다(コ イッタ)でも状態の継続を表すパターン

입다(イプタ)「着る」、쓰다(ッスダ)「かぶる」、벗다(ッポッタ)「脱ぐ」など、身につけたり外したりする動作を表す動詞や、타다(タダ)「乗る」などは、動作が完了した状態を表す場合も고 있다(コ イッタ)の形にしかなりません。

例 帽子をかぶっています。
モジャルル　ッスゴ　イッソヨ
모자를 쓰고 있어요.
→「帽子をかぶった」状態が続いている。

練習

1 単語を「〜している」というヘヨ体の形にしてみましょう。❶〜❺は고 있다、❻〜❿は아/어 있다をつけてみましょう。

❶ 운동하다（運動する）　＿＿＿＿＿＿＿＿＿＿＿＿

❷ 다니다（通う）　＿＿＿＿＿＿＿＿＿＿＿＿

❸ 가다（行く）　＿＿＿＿＿＿＿＿＿＿＿＿

❹ 공부하다（勉強する）　＿＿＿＿＿＿＿＿＿＿＿＿

❺ 놀다（遊ぶ）　＿＿＿＿＿＿＿＿＿＿＿＿

❻ 앉다（座る）　＿＿＿＿＿＿＿＿＿＿＿＿

❼ 오다（来る）　＿＿＿＿＿＿＿＿＿＿＿＿

❽ 남다（残る）　＿＿＿＿＿＿＿＿＿＿＿＿

❾ 들다（入る）　＿＿＿＿＿＿＿＿＿＿＿＿

❿ 서다（立つ）　＿＿＿＿＿＿＿＿＿＿＿＿

2 日本語に合わせてヘヨ体の文を作りましょう。

❶ 週末ごとに運動しています。　운동하다（運動する）

⇒주말마다 ＿＿＿＿＿＿＿＿＿＿＿＿＿＿＿＿＿＿＿ .

❷ どこに座っていますか？　앉다（座る）

⇒어디에 ＿＿＿＿＿＿＿＿＿＿＿＿＿＿＿＿＿＿＿

．．．

《 解 答 》

1　❶ 운동하고 있어요　❷ 다니고 있어요　❸ 가고 있어요　❹ 공부하고 있어요　❺ 놀고 있어요　❻ 앉아 있어요　❼ 와 있어요　❽ 남아 있어요　❾ 들어 있어요　❿ 서 있어요

2　❶ 운동하고 있어요　❷ 앉아 있어요?

🎤39

〜するつもりです、〜でしょう
語幹＋겠(ケッ)

||||||||||||||||||||||||||||||||||||||||||||||||||||||||||||||||||||||||||

가겠어요(カゲッソヨ)「行くつもりです」のように意志を表したり、늦겠어요(ヌッケッソヨ)「遅れそうです」という推量を表したりする表現を学びましょう。

〜するつもりです、〜でしょう

ハムニダ体	明日行くつもりです。 내일(ネイル) 가겠습니다(カゲッスムニダ). 明日　行くつもりです

ヘヨ体	とてもおいしそうです。 아주(アジュ) 맛있겠어요(マシッケッソヨ). とても　おいしそうです

겠습니다(ケッスムニダ) / 겠어요(ケッソヨ)は「これから〜する」というニュアンスを込めて「〜ます」と訳すこともできます。

意志や推量を表す表現は、用言の語幹に겠(ケッ)をつけて습니다(スムニダ)や어요(オヨ)をつけます。ハムニダ体は겠습니다(ケッスムニダ)、ヘヨ体は겠어요(ケッソヨ)となります。

【 例文 】

① いただきます。
잘 먹겠습니다(チャル モッケッスムニダ).

② 私がお手伝いします。
제가 도와드리겠습니다(チェガ トワドゥリゲッスムニダ).

③ コーヒーは私が買います。
커피는 제가 사겠어요(コピヌン チェガ サゲッソヨ).

④ 午後に雨が降るでしょう。
오후에 비가 오겠어요(オフエ ビガ オゲッソヨ).

単語帳　お手伝いする / 도와드리다(トワドゥリダ)

〜なさいますか？

● **語幹末にパッチムがない場合：시겠어요?（シゲッソヨ）をつける**

作り方　타다（タダ） 乗る

타（タ）（語幹） ＋ 시겠어요?（シゲッソヨ） → 타시겠어요?（タシゲッソヨ）
乗られますか？

● **語幹末にパッチムがある場合：으시겠어요?（ウシゲッソヨ）をつける**

作り方　찍다（ッチクタ） 撮る

찍（ッチク）（語幹） ＋ 으시겠어요?（ウシゲッソヨ） → 찍으시겠어요?（ッチグシゲッソヨ）
撮られますか？

● **語幹末がㄹパッチムの場合：ㄹをとって시겠어요?（シゲッソヨ）をつける**

作り方　팔다（パルダ） 売る

팔（パル）（語幹） ＋ 시겠어요?（シゲッソヨ） → 파시겠어요?（パシゲッソヨ）
お売りになりますか？

／ㄹをとる＼

Lesson28（→P116）の아/어 주세요（ア/オ ジュセヨ）「〜してください」という依頼の表現と組み合わせると、아/어 주시겠어요?（ア/オ ジュシゲッソヨ）「〜してくださいますか？」という丁寧な依頼の表現にもなります。

　「〜なさいますか？」と相手の意向を尋ねる丁寧な表現は、動詞の語幹末にパッチムがない場合は시겠어요?（シゲッソヨ）、ある場合は으시겠어요?（ウシゲッソヨ）を語幹につけます。語幹末がㄹパッチムの場合はㄹをとって시겠어요?（シゲッソヨ）をつけます。

【 例文 】

1 予約なさいますか？
예약하시겠어요?
イェヤカシゲッソヨ

2 新聞を読まれますか？
신문을 읽으시겠어요?
シンムヌル　イルグシゲッソヨ

3 どの部屋になさいますか？
어떤 방으로 하시겠어요?
オットン　バンウロ　ハシゲッソヨ

4 ここでお待ちになりますか？
여기서 기다리시겠어요?
ヨギソ　キダリシゲッソヨ

5 メールで送っていただけますか？
메일로 보내 주시겠어요?
メイルロ　ボネ　ジュシゲッソヨ

6 道を教えていただけますか？
길 좀 가르쳐 주시겠어요?
キル ジョム　カルチョ　ジュシゲッソヨ

相手に丁寧に意向を
求める表現は
接客やビジネスの場で
よく使われます。

---

column

控えめな気持ちを表す겠

겠は意志や推量のほかに、控えめな気持ちを表します。たとえば、
「わかりません」を모르겠어요「わかりません」にすると、「(教えてあげた
いけれど) わかりません」という、より相手に寄り添った丁寧なニュアン
スになります。
ケッ
モルラヨ
モルゲッソヨ

알았어요 「わかりました」も 알겠어요
アラッソヨ　　　　　　　　　　アルゲッソヨ
にするとより丁寧な印象になります！

単語帳 予約する 예약하다 / 部屋 방 / メール 메일 / 道 길 / 教える 가르치다
イェヤカダ　　バン　　　メイル　　キル　　　カルチダ

練習

1 単語を「〜するつもりです、〜でしょう、〜なさいますか?」の形にしてみましょう。❶〜❺には겠어요、❻〜❿には(으)시겠어요?をつけてみましょう。

❶ 오다（来る）　　　　　　　_____

❷ 춥다（寒い）　　　　　　　_____

❸ 살다（住む）　　　　　　　_____

❹ 덥다（暑い）　　　　　　　_____

❺ 맛있다（おいしい）　　　　_____

❻ 가다（行く）　　　　　　　_____

❼ 사다（買う）　　　　　　　_____

❽ 알다（知る）　　　　　　　_____

❾ 도와주다（手伝う）　　　　_____

❿ 읽다（読む）　　　　　　　_____

2 日本語に合わせてヘヨ体の文を作りましょう。

❶ そんな人がどこにいるでしょうか?　있다（いる）

⇒그런 사람이 어디 _____

❷ その仕事は私がいたします。　하다（する）

⇒그 일은 제가 _____ .

....

《 解 答 》

1　❶ 오겠어요　❷ 춥겠어요　❸ 살겠어요　❹ 덥겠어요　❺ 맛있겠어요　❻ 가시겠어요?　❼ 사시겠어요?　❽ 아시겠어요?　❾ 도와주시겠어요?　❿ 읽으시겠어요?

2　❶ 있겠어요?　❷ 하겠어요

🎤40

〜ですね
語幹+네요
<ruby>네요<rt>ネヨ</rt></ruby>

「〜ですね」と感嘆を表す<ruby>네요<rt>ネヨ</rt></ruby>と、「〜ですよね」と相手に同意を求めたり、確認したりする<ruby>지요<rt>チョ</rt></ruby>を学びましょう。

〜ですね

本当にかっこいいですね。

<ruby>정말<rt>チョンマル</rt></ruby> <ruby>멋있<rt>モシンネヨ</rt></ruby>네요.
本当 かっこいいですね

<ruby>네요<rt>ネヨ</rt></ruby>は相手の話すことに感嘆するときに使います。

<ruby>멋있다<rt>モシッタ</rt></ruby> + 네요
<ruby>네요<rt>ネヨ</rt></ruby>
かっこいい　　ですね
→ かっこいいですね

感嘆や感想を表す表現は、用言の語幹に<ruby>네요<rt>ネヨ</rt></ruby>をつけます。語幹末がㄹパッチムの場合はㄹをとって<ruby>네요<rt>ネヨ</rt></ruby>をつけるので注意しましょう。指定詞<ruby>이다<rt>イダ</rt></ruby>「〜だ」は(<ruby>이<rt>イ</rt></ruby>)<ruby>네요<rt>ネヨ</rt></ruby>「〜ですね」になります。

〜でしょう

とてもきれいでしょう？

<ruby>너무<rt>ノム</rt></ruby> <ruby>예쁘<rt>イェップジョ</rt></ruby>지요?
とても　きれいでしょう

<ruby>지요<rt>チョ</rt></ruby>は相手に確認や同意を求めるときに使います。

<ruby>예쁘다<rt>イェップダ</rt></ruby> + 지요
<ruby>지요<rt>チョ</rt></ruby>
きれいだ　　ですよね
→ きれいですよね

単語帳　久しぶり <ruby>오래간만<rt>オレガンマン</rt></ruby> / すぐ <ruby>금방<rt>クムバン</rt></ruby> / キムチ <ruby>김치<rt>キムチ</rt></ruby> / 種類 <ruby>종류<rt>チョンニュ</rt></ruby>

　同意を求めたり、確認したりする表現は、語幹に지요をつけます。「～しましょう」という丁寧な命令・勧誘も表し、会話では지요を縮約した죠もよく使われます。また、指定詞이다「～だ」は(이)지요「～でしょう」になります。

【 例文 】

1 本当にお久しぶりですね。
정말 오래간만이네요.
チョンマル　オレガンマニネヨ

2 おもしろいですね。
재미있네요.
チェミインネヨ

3 今日誕生日でしょう？
오늘 생일이지요?
オヌル　センイリジヨ

4 すぐに連絡が来るでしょう。
금방 연락이 오겠지요.
クムバン　ヨルラギ　オゲッチヨ

練習

1 日本語に合わせてヘヨ体の文を作りましょう。

1 学校までとても遠いですね。　멀다（遠い）

　⇒학교까지 너무 ＿＿＿＿＿＿＿＿＿＿＿＿＿＿＿＿.

2 キムチは種類が多いですね。　많다（多い）

　⇒김치는 종류가 ＿＿＿＿＿＿＿＿＿＿＿＿＿＿＿＿.

3 本当に久しぶりですね。　오래간만（久しぶり）

　⇒정말 ＿＿＿＿＿＿＿＿＿＿＿＿＿＿＿＿＿＿＿.

4 この映画おもしろいでしょう？　재미있다（おもしろい）

　⇒이 영화 ＿＿＿＿＿＿＿＿＿＿＿＿＿＿＿＿＿.

《 解答 》
2 **1** 머네요 **2** 많네요 **3** 오래간만이네요 **4** 재미있지요?

🎙41

〜しようと
語幹＋(으)려고

「行こうと」、먹으려고「食べようと」のように、「〜しようと、〜しようと思って」という意図を表す表現を学びましょう。

> カリョゴ　　　　　　　モグリョゴ

〜しようと

● **語幹末にパッチムがない場合：려고をつける**

> 作り方　보다 ^{ボダ} 見る

語幹 보 ＋ 려고 → 보려고
> ボ　　リョゴ　　ボリョゴ
> 見ようと

● **語幹末にパッチムがある場合：으려고をつける**

> 作り方　먹다 ^{モクタ} 食べる

語幹 먹 ＋ 으려고 → 먹으려고
> モク　ウリョゴ　　モグリョゴ
> 食べようと

● **語幹末がㄹパッチムの場合：려고をつける**

> 作り方　만들다 ^{マンドゥルダ} 作る

語幹 만들 ＋ 려고 → 만들려고
> マンドゥル　リョゴ　　マンドゥルリョゴ
> 作ろうと

> ㄹ語幹はㄹが脱落せずにそのまま려고をつけます。

意図を表す表現は、動詞の語幹末にパッチムがない場合は려고、ある場合は으려고を語幹につけて表します。語幹末がㄹパッチムの場合もそのまま려고をつ

　作品 작품 ^{チャクプム} / 完成する 완성하다 ^{ワンソンハダ} / 徹夜する 밤을 새우다 ^{パムル セウダ} / 夏 여름 ^{ヨルム} / 痩せる 살을 빼다 ^{サルル ッペダ} / コンサート 콘서트 ^{コンソトゥ} / チケット 티켓 ^{ティケッ} / 前もって買う、予約する 예매하다 ^{イェメハダ}

けます。<ruby>려고<rt>リョゴ</rt></ruby>の後ろに<ruby>요<rt>ヨ</rt></ruby>「～ます、です」をつけると、「～しようかと思います」という表現になります。

【 例文 】

① 作品を完成させようと徹夜しました。
<ruby>작품<rt>チャクプムル</rt></ruby>을 <ruby>완성하려고<rt>ワンソンハリョゴ</rt></ruby> <ruby>밤<rt>バムル</rt></ruby>을 <ruby>새웠어요<rt>セウォッソヨ</rt></ruby>.

② 夏までに痩せようと思います。
<ruby>여름까지<rt>ヨルムッカジ</rt></ruby> <ruby>살<rt>サルル</rt></ruby>을 <ruby>빼려고요<rt>ッペリョゴヨ</rt></ruby>.

③ 本を読もうと図書館に行きました。
<ruby>책<rt>チェグル</rt></ruby>을 <ruby>읽으려고<rt>イルグリョゴ</rt></ruby> <ruby>도서관에<rt>トソグァネ</rt></ruby> <ruby>갔어요<rt>カッソヨ</rt></ruby>.

④ コンサートに行こうとチケットを予約しました。
<ruby>콘서트에<rt>コンソトゥエ</rt></ruby> <ruby>가려고<rt>カリョゴ</rt></ruby> <ruby>티켓을<rt>ティケッスル</rt></ruby> <ruby>예매했어요<rt>イェメヘッソヨ</rt></ruby>.

意図や予定を
表すことが
できます！

～しようとする、～しようと思う

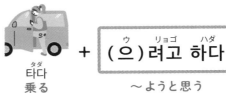

車に乗ろうと思います。
<ruby>차<rt>チャルル</rt></ruby>를 <ruby>타려고<rt>タリョゴ</rt></ruby> <ruby>해요<rt>ヘヨ</rt></ruby>.
車 を 乗ろうと思います

半袖を着ようと思います。
<ruby>반팔<rt>バンパルル</rt></ruby>을 <ruby>입으려고<rt>イブリョゴ</rt></ruby> <ruby>해요<rt>ヘヨ</rt></ruby>.
半袖 を 着 ようと思います

+ <ruby>(으)려고<rt>ウ リョゴ</rt></ruby> <ruby>하다<rt>ハダ</rt></ruby>

<ruby>타다<rt>タダ</rt></ruby>
乗る
→ 乗ろうと思う

～ようと思う

「～ようとする」という表現は、動物や自然現象などにも使うことができます。

<ruby>(으)려고<rt>ウ リョゴ</rt></ruby>「～ようと」に<ruby>하다<rt>ハダ</rt></ruby>をつけて活用すると「～しようとする、～しようと思う」という意図や予定を表す表現になります。

【 例文 】

1 アルバイトを探そうと思います。

아르바이트를 찾으려고 해요.
<ruby>아르바이트를<rt>アルバイトゥルル</rt></ruby> <ruby>찾으려고<rt>チャズリョゴ</rt></ruby> <ruby>해요<rt>ヘヨ</rt></ruby>.

2 今週末は家で休もうと思います。

이번 주말에는 집에서 쉬려고 해요.
<ruby>이번<rt>イボン</rt></ruby> <ruby>주말에는<rt>チュマレヌン</rt></ruby> <ruby>집에서<rt>チベソ</rt></ruby> <ruby>쉬려고<rt>シュィリョゴ</rt></ruby> <ruby>해요<rt>ヘヨ</rt></ruby>.

3 子犬がドアを開けようとしています。

강아지가 문을 열려고 해요.
<ruby>강아지가<rt>カンアジガ</rt></ruby> <ruby>문을<rt>ムヌル</rt></ruby> <ruby>열려고<rt>ヨルリョゴ</rt></ruby> <ruby>해요<rt>ヘヨ</rt></ruby>.

4 韓国語の単語を覚えようと思います。

한국어 단어를 외우려고 해요.
<ruby>한국어<rt>ハングゴ</rt></ruby> <ruby>단어를<rt>タノルル</rt></ruby> <ruby>외우려고<rt>ウェウリョゴ</rt></ruby> <ruby>해요<rt>ヘヨ</rt></ruby>.

해요を過去形の
했어요に変えれば
「〜ようとしました」
という表現に
なります！

---

column

(으)러と(으)려고の違い

Lesson15（→P60）で学んだ助詞の(으)러「〜しに」は、うしろが가다「行く」、오다「来る」などの移動動詞のみに限定され、命令や勧誘文を作ることができます。一方、(으)려고「〜しようと」はうしろに全ての動詞をつけることができますが、命令や勧誘文は作れません。

例

⭕ 映画を見に行きましょう。

영화를 보러 갑시다.
<ruby>영화를<rt>ヨンファルル</rt></ruby> <ruby>보러<rt>ポロ</rt></ruby> <ruby>갑시다<rt>カプシダ</rt></ruby>.

❌ 映画を見ようと行きましょう。

영화를 보려고 갑시다.
<ruby>영화를<rt>ヨンファルル</rt></ruby> <ruby>보려고<rt>ポリョゴ</rt></ruby> <ruby>갑시다<rt>カプシダ</rt></ruby>.

❌ 本を読みに買いました。

책을 읽으러 샀어요.
<ruby>책을<rt>チェグル</rt></ruby> <ruby>읽으러<rt>イルグロ</rt></ruby> <ruby>샀어요<rt>サッソヨ</rt></ruby>.

⭕ 本を読もうと買いました。

책을 읽으려고 샀어요.
<ruby>책을<rt>チェグル</rt></ruby> <ruby>읽으려고<rt>イルグリョゴ</rt></ruby> <ruby>샀어요<rt>サッソヨ</rt></ruby>.

単語帳 アルバイト <ruby>아르바이트<rt>アルバイトゥ</rt></ruby> / 休む <ruby>쉬다<rt>シュイダ</rt></ruby> / 門、ドア <ruby>문<rt>ムン</rt></ruby> / 単語 <ruby>단어<rt>タノ</rt></ruby> / 終える <ruby>끝내다<rt>ックンネダ</rt></ruby>

練習

1 単語を「〜しようと思います」というへヨ体の形にしてみましょう。

1 공부하다（勉強する）

2 가다（行く）

3 살다（住む、生きる）

4 먹다（食べる）

5 만들다（作る）

6 외우다（覚える）

7 입다（着る）

8 살을 빼다（痩せる）

9 받다（受ける）

10 끝내다（終える）

2 日本語に合わせてへヨ体の文を作りましょう。

1 ソウルで暮らそうと思います。　살다（暮らす）

⇒서울에서 _____ .

2 写真を撮ろうと思います。　찍다（撮る）

⇒사진을 _____ .

3 週末に会おうとしました。　만나다（会う）

⇒주말에 _____ .

....

《 解 答 》

1 ① 공부하려고 해요 ② 가려고 해요 ③ 살려고 해요 ④ 먹으려고 해요 ⑤ 만들려고 해요 ⑥ 외우려고 해요 ⑦ 입으려고 해요 ⑧ 살을 빼려고 해요 ⑨ 받으려고 해요 ⑩ 끝내려고 해요

2 ① 살려고 해요 ② 찍으려고 해요 ③ 만나려고 했어요

〜してみる
語幹＋아/어 보다
アオ ボダ

　가 보다「行ってみる」、먹어 보다「食べてみる」のように、「〜してみる」という試みの表現を学びましょう。
カ ボダ　　　　　モゴ ボダ

〜してみる

● **陽母音語幹用言の場合**：아 봐요をつける
　　　　　　　　　　　　　　　　　ア ボァヨ

　作り方　놓다 置く
　　　　　ノタ

　놓＋아 봐요 → 놓아 봐요
　ノッ　ア ボァヨ　　ノア　ボァヨ
　語幹　　　　置いてみてください

● **陰母音語幹用言の場合**：어 봐요をつける
　　　　　　　　　　　　　　　　　オ ボァヨ

　作り方　읽다 読む
　　　　　イクタ

　읽＋어 봐요 → 읽어 봐요
　イク　オ ボァヨ　　イルゴ　ボァヨ
　語幹　　　　読んでみてください

　　　　　　　　　　　　　　　　　아/어 봐요は
　　　　　　　　　　　　　　　　ア　オ　ボァヨ
　　　　　　　　　　　　「〜してみてください」という
　　　　　　　　　　　　丁寧な命令や勧誘としても
　　　　　　　　　　　　　　　　使われます。

● **하다用言の場合**：語幹末の하が해 봐요になる
　　ハダ　　　　　　　　　　　　　　ハ　ヘ ボァヨ

　作り方　연락하다 連絡する
　　　　　ヨルラカダ

　연락하 → 연락해 봐요
　ヨルラカ　　ヨルラケ　ボァヨ
　　　語幹　　連絡してみてください
　　　　＼해 봐요になる／
　　　　　ヘ　ボァヨ

　単語帳　こっち 이쪽 / 化粧品 화장품 / トッポッキ 떡볶이 / 小説本 소설책 / パソコン 컴퓨터 / 検索す
イッチョク　　　ファジャンプム　　　　　ットッポッキ　　　　　　ソソルチェク　　　　　コムピュト
る 검색하다 / 景福宮 경복궁
コムセカダ　　　　　キョンボックン

　試みの表現は、用言の語幹末の母音が陽母音(ト・ㅗ)の場合は아 ^ア보다^{ボダ}を、陰母音(ト・ㅗ以外)の場合は어 ^オ보다^{ボダ}を語幹につけます。하다^{ハダ}用言は해 ^ヘ보다^{ボダ}となります。보다^{ボダ}は活用させて、아/어 ^ア/^オ보세요^{ボセヨ}「〜してみてください」、아/어 ^ア/^オ봤어요^{ボァッソヨ}「〜してみました」などと表すことができます。

【 例文 】

① こっちに来てみてください。
이쪽으로 ^{イッチョグロ} 와 ^ワ 봐요^{ボァヨ}.

② この化粧品を使ってみてください。
이 화장품을 ^{イ ファジャンプムル} 써 ^{ッソ} 보세요^{ボセヨ}.

③ その映画を見てみました。
그 영화를 ^{ク ヨンファルル} 봐 ^{ボァ} 봤어요^{ボァッソヨ}.

④ トッポッキを作ってみました。
떡볶이를 ^{ットッポッキルル} 만들어 ^{マンドゥロ} 봤어요^{ボァッソヨ}.

練習

1 日本語に合わせてヘヨ体の文を作りましょう。「〜してみてください」は보세요を使いましょう。

① 先生に連絡してみてください。　연락하다（連絡する）
　⇒선생님께 _____ .

② 韓国の小説を読んでみました。　읽다（読む）
　⇒한국 소설책을 _____ .

③ パソコンで検索してみました。　검색하다（検索する）
　⇒컴퓨터로 _____ .

④ 景福宮に一度行ってみてください。　가다（行く）
　⇒경복궁에 한번 _____ .

《 解答 》
1　① 연락해 보세요　② 읽어 봤어요　③ 검색해 봤어요　④ 가 보세요

🎤43

〜することにする
語幹＋기로 하다
<small>キロ　ハダ</small>

<small>カギロ ハダ</small>
가기로 하다「行くことにする」のように、「〜することにする」という予定や決定の表現を学びましょう。

〜することにする

運動することにしました。
<small>ウンドンハギロ　　ヘッソヨ</small>
운동하기로 했어요.
<small>運動す　　　ることに　しました</small>

語幹にそのまま기로<small>キロ</small>하다<small>ハダ</small>をつけます。

<small>ウンドンハダ</small>
운동하다
運動する

＋

기로 하다
<small>ギロ　ハダ</small>
〜することにする

→ 運動（を）することにする

予定や決定の表現は、動詞の語幹に기로<small>キロ</small> 하다<small>ハダ</small>をつけます。하다<small>ハダ</small>を活用させて、기로<small>キロ</small> 해요<small>ヘヨ</small>「〜することにしましょう」、기로<small>キロ</small> 했어요<small>ヘッソヨ</small>「〜することにしました」などと表すことができます。

【 **例文** 】

❶ 明日から日記を書くことにしました。
<small>ネイルブト　　　イルギルル　　ッスギロ　　ヘッソヨ</small>
내일부터 일기를 쓰기로 했어요.

❷ 週末に彼氏に会うことにしました。
<small>チュマレ　ナムジャ　チングルル　　　マンナギロ　　　ヘッソヨ</small>
주말에 남자 친구를 만나기로 했어요.

❸ イギリスに留学に行くことにしました。
<small>ヨングゲ　　ユハグル　　カギロ　　　ヘッソヨ</small>
영국에 유학을 가기로 했어요.

> 主に勧誘や
> 過去形の表現が
> 使われます！

単語帳 日記 일기<small>イルギ</small> / イギリス 영국<small>ヨングク</small> / 集める、貯める 모으다<small>モウダ</small>

練習

1 単語を「〜することにしましょう」「〜することにしました」の形にしてみましょう。❶〜❻は기로 해요、❼〜❿は기로 했어요をつけてみましょう。

❶ 일찍 자다 (早く寝る)

_____

❷ 돈을 모으다 (お金を貯める)

_____

❸ 일기를 쓰다 (日記を書く)

_____

❹ 여행을 가다 (旅行に行く)

_____

❺ 친구를 만나다 (友達に会う)

_____

❻ 옷을 사다 (服を買う)

_____

❼ 요리를 만들다 (料理を作る)

_____

❽ 운동하다 (運動する)

_____

❾ 공부하다 (勉強する)

_____

❿ 음악을 듣다 (音楽を聞く)

_____

2 日本語に合わせてヘヨ体の文を作りましょう。

❶ 家を買うことにしました。　사다 (買う)

⇒집을 _____ .

❷ 夕食作ることにしました。　만들다 (作る)

⇒저녁을 _____ .

....

《 解 答 》

1 ❶ 일찍 자기로 해요　❷ 돈을 모으기로 해요　❸ 일기를 쓰기로 해요　❹ 여행을 가기로 해요　❺ 친구를 만나기로 해요　❻ 옷을 사기로 해요　❼ 요리를 만들기로 했어요　❽ 운동하기로 했어요　❾ 공부하기로 했어요　❿ 음악을 듣기로 했어요

2 ❶ 사기로 했어요　❷ 만들기로 했어요

1 （으）ㄹ까요?を使って、「〜しましょうか?」「〜でしょうか?」というへヨ体の文を完成させましょう。

① 私が市内を案内しましょうか?（案内する　안내하다）

제가 시내를 ＿＿＿＿＿＿＿＿＿＿＿＿＿＿＿＿

② 席を替わりましょうか?（替わる　바꾸다）

자리를 ＿＿＿＿＿＿＿＿＿＿＿＿＿＿＿

③ 荷物を持って差し上げましょうか?（持って差し上げる　들어 드리다）

짐을 ＿＿＿＿＿＿＿＿＿＿＿＿＿＿＿

④ 私が電話に出ましょうか?（受ける　받다）

제가 전화를 ＿＿＿＿＿＿＿＿＿＿＿＿＿＿

⑤ 夕食は何がいいでしょうか?（いい　좋다）

저녁 식사는 뭐가 ＿＿＿＿＿＿＿＿＿＿＿＿＿

⑥ 部屋の中に誰かいるでしょうか?（いる　있다）

방 안에 누가 ＿＿＿＿＿＿＿＿＿＿＿＿＿＿

⑦ 彼は明日来るでしょうか?（来る　오다）

그 사람은 내일 ＿＿＿＿＿＿＿＿＿＿＿＿＿＿

⑧ 駅の前で会いましょうか?（会う　만나다）

역 앞에서 ＿＿＿＿＿＿＿＿＿＿＿＿＿＿

⑨ 一緒に練習しましょうか?（練習する　연습하다）

같이 ＿＿＿＿＿＿＿＿＿＿＿＿＿＿＿＿

2 아/어도 돼요(?)を使って、「～してもいいです（か?）」というヘ
ヨ体の文を作りましょう。

① 出勤しなくてもいいですか？（出勤しない　출근하지 않다）

_____

② 頼みを断ってもいいです。（頼み　부탁 / 断る　거절하다）

_____ .

③ 横に座ってもいいですか？（隣　옆 / 座る　앉다）

_____

④ 私の意見を言ってもいいですか？
　（私の意見　제 의견 / 言う　말하다）

_____

3 아/어야 돼요(?)を使って、「～しなければなりません（か?）」
というヘヨ体の文を作りましょう。

① 飛行機に乗らなければなりません。（飛行機　비행기 / 乗る　타다）

_____ .

② 約束は守らなければなりません。（約束　약속 / 守る　지키다）

_____ .

③ 靴を買わないといけません。（靴　구두 / 買う　사다）

_____ .

④ 単語を覚えないといけませんか？（単語　단어 / 覚える　외우다）

_____

4

①〜②は고 있다、③〜④は아/어 있다を使って、「〜している」というヘヨ体の文を作りましょう。

① 先生を待っています。（先生　선생님 / 待つ　기다리다）

_____ .

② 今、音楽を聴いています。（今　지금 / 音楽　음악 / 聞く　듣다）

_____ .

③ 友達がソウルから来ています。
（友達　친구 / ソウル　서울 / 来る　오다）

_____ .

④ 部屋にソファーが置かれています。
（部屋　방 / ソファー　소파 / 置かれる　놓이다）

_____ .

5

겠を使って、「〜します」「〜でしょう」「〜なさいますか?」という文を作りましょう。①〜②はハムニダ体、③〜④はヘヨ体を使いましょう。

① 後ほどご連絡差し上げます。
（後ほど　이따가 / 連絡　연락 / 差し上げる　드리다）

_____ .

② この料理も召し上がりますか?
（この料理　이 요리 / 召し上がる　드시다）

_____ .

③ コーヒーは私が買います。（コーヒー　커피 / 私　제 / 買う　사다）

_____ .

④ 仕事が大変そうですね。（仕事　일 / 大変だ　힘들다）

_____ .

6 네요、(이)지요(?)を使って、「～ですね」「～でしょう?」のという表現の文を完成させましょう。

1 トッポッキがすごく辛いですね。(辛い　맵다)
떡볶이가 너무 _____.

2 英語は本当に難しいですね。(難しい　어렵다)
영어는 정말 _____.

3 本当にすばらしいですね。(すばらしい　훌륭하다)
정말로 _____.

4 評判どおりにおいしいでしょ? (おいしい　맛있다)
소문대로 _____.

5 あの歌手はとてもかっこいいでしょ? (かっこいい　멋있다)
그 가수는 너무 _____.

7 (으)려고 해요を使って、「～しようと思います」「～しようとする」の表現を使ってヘヨ体の文を作りましょう。

1 来月引っ越そうと思います。(来月　다음 달 / 引っ越しする　이사하다)
_____.

2 休日にはパンを作ろうと思います。
(休日　휴일 / パン　빵 / 作る　만들다)
_____.

3 アルバイトを探そうと思います。
(アルバイト　아르바이트 / 探す　구하다)
_____.

4 花が咲こうとしています。(花　꽃 / 咲く　피다)
_____.

8 아 / 어 보다를 使って、「～してみる」の表現を使ったヘヨ体の文を作りましょう。

1 もう一度探してみてください。
（もう一度　다시 한번 / 探す　찾다）（세요を使う）

_____.

2 韓国の雑誌を読んでみました。
（韓国の雑誌　한국 잡지 / 読む　읽다）

_____.

3 ここに書いてみてください。（ここ　여기 / 書く　적다）（세요を使う）

_____.

4 洗濯機で洗ってみました。（洗濯機　세탁기 / 洗う　빨다）

_____.

9 기로 하다「～することにする」の表現を使ってヘヨ体の文を完成させましょう。

1 明日は休むことにしましょう。（明日　내일 / 休む　쉬다）

_____.

2 転職することにしました。（転職する　이직하다）

_____.

3 彼と付き合うことにしました。（彼　그 사람 / 付き合う　사귀다）

_____.

4 昼食に冷麺を食べることにしました。
（昼食　점심 / 冷麺　냉면 / 食べる　먹다）

_____.

《 解 答 》

1　① 안내할까요? ② 바꿀까요? ③ 들어 드릴까요? ④ 받을까요? ⑤ 좋을까요? ⑥ 있을까요? ⑦ 올까요? ⑧ 만날까요? ⑨ 연습할까요? (→Lesson33参照)

2　① 출근하지 않아도 돼요? ② 부탁을 거절해도 돼요 ③ 옆에 앉아도 돼요? ④ 제 의견을 말해도 돼요? (→Lesson34参照)

3　① 비행기를 타야 돼요 ② 약속은 지켜야 돼요 ③ 구두를 사야 돼요 ④ 단어를 외워야 돼요? (→Lesson35参照)

4　① 선생님을 기다리고 있어요 ② 지금 음악을 듣고 있어요 ③ 친구가 서울에서 와 있어요 ④ 방에 소파가 놓여 있어요 (→Lesson36参照)

5　① 이따가 연락 드리겠습니다 ② 이 요리도 드시겠습니까? ③ 커피는 제가 사겠어요 ④ 일이 힘들겠어요 (→Lesson37参照)

6　① 맵네요 ② 어렵네요 ③ 훌륭하네요 ④ 맛있지요? ⑤ 멋있지요? (→Lesson38参照)

7　① 다음 달에 이사하려고 해요 ② 휴일에는 빵을 만들려고 해요 ③ 아르바이트를 구하려고 해요 ④ 꽃이 피려고 해요 (→Lesson39参照)

8　① 다시 한번 찾아 보세요 ② 한국 잡지를 읽어 봤어요 ③ 여기에 적어 보세요 ④ 세탁기로 빨아 봤어요 (→Lesson40参照)

9　① 내일은 쉬기로 해요 ② 이직하기로 했어요 ③ 그 사람과 사귀기로 했어요 ④ 점심에 냉면을 먹기로 했어요 (→Lesson41参照)

語幹に母音型(아/어)で接続する文法は縮約形(→P59)に注意しましょう!

過去形や尊敬形、命令形などさまざまなパターンで例文を作るとステップアップにつながります!

よく使われる副詞

🎤44

動詞や形容詞を修飾する副詞には以下のようなものがあります。副詞を使いこなせると、より正確な状況や感情を表すことができるようになります。

本当に	あまりにも	とても	非常に	いちばん
チョンマル 정말	ノム 너무	アジュ 아주	メウ 매우	チェイル 제일
最も	しばしば	よく	たくさん	少し
カジャン 가장	チャジュ 자주	チャル 잘	マニ 많이	チョグム 조금
みんな	すべて	ほとんど	また	もっと
モドゥ 모두	タ 다	コイ 거의	ット 또	ト 더
再び	まもなく	すぐに	まだ	もう、すでに
タシ 다시	コク 곧	クムバン 금방	アジク 아직	ポルッソ 벌써
一緒に	ゆっくり	速く	早く	先に
カチ 같이	チョンチョニ 천천히	パルリ 빨리	イルッチク 일찍	モンジョ 먼저

日本語の「とても」と同じような意味を持つ韓国語の副詞はたくさんありますが、特によく使われる3つの副詞の使い分けを確認してみましょう。

●아주 アジュ …とても、極めて、まったく

→ 客観的なニュアンスで、普通の程度をはるかに超えた状態を表すときに使います。肯定や否定などいろいろな場面で使うことができます。

●매우 メウ …非常に、とても、大いに

→ 普通の程度をはるかに超えて、「非常に」と強調するときに使います。

●너무 ノム …あまりにも、ずいぶん、とても

→ 普通の程度をはるかに超えて、「〜すぎる」という状態を表すときに使います。元々は否定的なニュアンスでしたが、現在は肯定的な意味でも使われます。

レベルアップ
文法をマスター

連体形をマスターして
レベルアップを目指そう！

〜な…（形容詞の現在連体形）
語幹＋ㄴ/은

ク_ン カバン 큰 가방「大きなカバン」、イェップン ッコッ 예쁜 꽃「きれいな花」のように、「〜な…」と名詞を修飾する形容詞の連体形を学びましょう。

〜な…（形容詞の現在連体形）

● **語幹末にパッチムがない場合：ㄴ（ン）をつける**

作り方　비싸다（ビッサダ）（価格が）高い

ビッサ　ン　　　　ビッサン　バンジ
비싸（語幹）＋ㄴ → 비싼 반지
　　　　　　　　　高い指輪

● **語幹末にパッチムがある場合：은（ウン）をつける**

作り方　낮다（ナッタ）低い

ナッ　ウン　　　ナズン　サン
낮（語幹）＋은 → 낮은 산
　　　　　　　　低い山

● **ㄹパッチムの場合：ㄹをとってㄴ（ン）をつける**

作り方　길다（キルダ）長い

キル　ン　　　キン　モリ
긴（語幹）＋ㄴ → 긴 머리
ㄹをとる　　　　長い髪

ㄹパッチムの脱落に
注意しましょう。

単語帳　広い 넓다（ノルタ）/ 色 색（セク）/ 短い 짧다（ッチャルッタ）/ 大きい 크다（クダ）/ 高い 높다（ノプタ）/ 申し訳ない 죄송하다（チェソンハダ）

形容詞の現在連体形は、語幹末にパッチムがない場合は ㄴ 、ある場合は 은 を語幹につけます。語幹末が ㄹ パッチムの場合は ㄹ をとって ㄴ をつけます。

【 例文 】

1. 広い部屋
   _{ノルブン バン}
   넓은 방

2. 短い髪
   _{ッチャルブン モリ}
   짧은 머리

3. 他の色はありませんか?
   _{タルン セグン オプソヨ}
   다른 색은 없어요?

4. もう少し大きいものはありませんか?
   _{チョム ド クン ゴン オプソヨ}
   좀 더 큰 건 없어요?

5. 本当に高い山ですね。
   _{チョンマル ノプン サニネヨ}
   정말 높은 산이네요.

6. 遅い時間にすみません。
   _{ヌズン シガネ チェソンヘヨ}
   늦은 시간에 죄송해요.

Check!

変則活用を確認しよう!

ㅂ変則、ㅅ変則、ㅎ変則では、連体形の作り方が通常とは異なります（→P34）。ㅂ変則の場合は ㅂ をとって 운 をつけます。ㅅ パッチムの場合は ㅅ をとって 은 をつけます。ㅎ変則の場合は ㅎ をとって ㄴ をつけます。下の表で確認してみましょう。

変則語幹	原形	現在連体形
ㅂ変則 _{ピウプ}	어렵다 _{オリョプタ} 難しい	어려운 책 _{オリョウン チェク} 難しい本
ㅅ変則 _{シオッ}	낫다 _{ナッタ} マシだ	나은 사람 _{ナウン サラム} マシな人
ㅎ変則 _{ヒウッ}	하얗다 _{ハヤッタ} 真っ白い	하얀 눈 _{ハヤン ヌン} 白い雪

～の、～である…（名詞の現在連体形）

留学生の田中さん。

ユハクセンイン　タナカ　ッシ
유학생인 **다나카 씨**.
留学生　の　　田中さん

魅力的な人。

メリョクチョギン　サラム
매력적인 **사람**.
魅力的である　人

メリョクチョク
「魅力的」のように
「～的」という名詞は、
連体形の表現で
よく使われます。

「～の、～である」というような名詞の現在連体形は、名詞の後ろに인をつけて表します。

〖 例文 〗

① 感動的な映画です。

カムドンジョギン　ヨンファエヨ
감동적인 영화예요.

② 友達のユナさんです。

チングイン　ユナ　ッシエヨ
친구인 유나 씨예요.

③ 故郷の釜山に行きます。

コヒャンイン　プサヌロ　カヨ
고향인 부산으로 가요.

④ 学校の先輩のキョンスさんです。

ハッキョ　ソンベイン　キョンス　ッシエヨ
학교 선배인 경수 씨예요.

⑤ 演技が印象的な俳優ですね。

ヨンギガ　インサンジョギン　ベウネヨ
연기가 인상적인 배우네요.

⑥ 韓国の代表的な歌手です。

ハングゲ　テピョジョギン　カスエヨ
한국의 대표적인 가수예요.

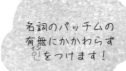

名詞のパッチムの
有無にかかわらず
イン
인をつけます！

単語帳 故郷 コヒャン 고향 / 先輩 ソンベ 선배 / 演技 ヨンギ 연기 / 印象的 インサンジョク 인상적 / 代表的 テピョジョク 대표적

練習

1 形容詞を現在連体形にして、名詞を続けましょう。⑦～⑧は名詞の現在連体形にしましょう。

① 예쁘다（きれいだ）／구두（靴）

⇒ _____

② 짧다（短い）／머리（髪）

⇒ _____

③ 다르다（違う）／가방（カバン）

⇒ _____

④ 멀다（遠い）／미래（未来）

⇒ _____

⑤ 비싸다（高い）／가격（価格）

⇒ _____

⑥ 좋다（いい）／사람（人）

⇒ _____

⑦ 친구（友達）／민수 씨（ミンスさん）

⇒ _____

⑧ 고향（故郷）／서울（ソウル）

⇒ _____

⑨ 감동적（感動的）／영화（映画）

⇒ _____

....

《 解 答 》

1 **①** 예쁜 구두　**②** 짧은 머리　**③** 다른 가방　**④** 먼 미래　**⑤** 비싼 가격　**⑥** 좋은 사람　**⑦** 친구인 민수 씨　**⑧** 고향인 서울　**⑨** 감동적인 영화

～する…（動詞の現在連体形）
語幹＋는（ヌン）

名詞を修飾する動詞の連体形は「現在」「過去」「未来」の3種類あります。
ここでは 가는 카페（カ ヌン カ ペ）「（今）行くカフェ」、먹는 밥（モンヌン パプ）「（今）食べているごはん」の
ように、「現在」の動作を表す現在連体形を学びましょう。

～する…（動詞の現在連体形）

● **語幹末にパッチムがない場合**：는（ヌン）をつける

作り方　보다（ポダ）見る

語幹　보（ポ）＋는（ヌン）→ 보는 영화（ポヌン ヨンファ）
見る映画

● **語幹末にパッチムがある場合**：는（ヌン）をつける

作り方　닦다（タクタ）拭く

語幹　닦（タク）＋는（ヌン）→ 닦는 창문（タンヌン チャンムン）
拭く窓

● **語幹末が ㄹ パッチムの場合**：ㄹをとって는（ヌン）をつける

作り方　만들다（マンドゥルダ）作る

語幹　만들（マンドゥル）＋는（ヌン）→ 만드는 요리（マンドゥヌン ニョリ）
作る料理

ㄹをとる

単語帳　笑う 웃다（ウッタ）/ 子ども 아이（アイ）/ よく 자주（チャジュ）/ 食堂 식당（シクタン）/ ことが 게（ケ）/ ピザ 피자（ピジャ）

　動詞の現在連体形は語幹に는をつけます。パッチムの有無にかかわらず는をつけますが、語幹末がㄹパッチムの場合はㄹをとって는をつけます。

【 例文 】

① 今日は休む日です。

　オヌルン　シュイヌン　ナリエヨ
　오늘은 쉬는 날이에요.

② よく笑う子供です。

　チャル　ウンヌン　アイエヨ
　잘 웃는 아이예요.

③ よく来る食堂です。

　チャジュ　オヌン　シクタンイエヨ
　자주 오는 식당이에요.

④ わからないことがありますか?

　モルヌン　ゲ　イッソヨ
　모르는 게 있어요?

⑤ いちばん好きな食べ物はピザです。

　チェイル　チョアハヌン　ウムシグン　ピジャエヨ
　제일 좋아하는 음식은 피자예요.

動詞の現在連体形は
一般的な常識や
習慣も表します!

～いる、ない…（存在詞の現在連体形）

韓国にいる友達です。

ハングゲ　インヌン　チングエヨ
한국에 있는 친구예요.
韓国　に　いる　友達　です

必要ないものは捨ててください。

ピリョ　オムヌン　ゴスン　ポリセヨ
필요 없는 것은 버리세요.
必要　ない　ものは　捨ててください

インヌン　オムヌン
있는と없는はどちらも
鼻音化（→P27）するため、
発音に注意しましょう。

　存在詞の있다（イッタ）「いる・ある」、없다（オプタ）「いない・ない」の現在連体形は、語幹に는をつけて表します。また、재미있다（チェミイッタ）「おもしろい」のように있다（イッタ）／없다（オプタ）がつく語も、現在連体形は는をつけて表します。合わせて覚えましょう。

【 例文 】

1 とてもかっこいいアイドルです。

<ruby>너무<rt>ノム</rt></ruby> <ruby>멋있는<rt>モシンヌン</rt></ruby> <ruby>아이돌이에요<rt>アイドリエヨ</rt></ruby>.

2 おもしろくないマンガです。

<ruby>재미없는<rt>チェミオムヌン</rt></ruby> <ruby>만화예요<rt>マヌァエヨ</rt></ruby>.

3 コーヒーとパンがおいしいカフェです。

<ruby>커피와<rt>コピワ</rt></ruby> <ruby>빵이<rt>ッパンイ</rt></ruby> <ruby>맛있는<rt>マシンヌン</rt></ruby> <ruby>카페예요<rt>カペエヨ</rt></ruby>.

4 この世に一つしかないカバンです。

<ruby>세상에<rt>セサンエ</rt></ruby> <ruby>하나밖에<rt>ハナバッケ</rt></ruby> <ruby>없는<rt>オムヌン</rt></ruby> <ruby>가방이에요<rt>カバンイエヨ</rt></ruby>.

5 列に並んでいる人が多いですね。

<ruby>줄을<rt>チュルル</rt></ruby> <ruby>서<rt>ソ</rt></ruby> <ruby>있는<rt>インヌン</rt></ruby> <ruby>사람이<rt>サラミ</rt></ruby> <ruby>많네요<rt>マンネヨ</rt></ruby>.

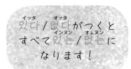

있다 / 없다がつくと
すべて 있는 / 없는に
なります！

現在連体形の使い方

　動詞の現在連体形は、現在行われている動作のほかにも、習慣や常識を表すときに使われます。また、たとえ未来のことであっても、確実に行われることに対しては現在連体形を使います。

例 来週会う人。

<ruby>다음<rt>タウム</rt></ruby> <ruby>주에<rt>チュエ</rt></ruby> <ruby>만나는<rt>マンナヌン</rt></ruby> <ruby>사람<rt>サラム</rt></ruby>.

→ 来週会うことが確実に決まっている人

来月公開の映画。

<ruby>다음<rt>タウム</rt></ruby> <ruby>달에<rt>タレ</rt></ruby> <ruby>개봉하는<rt>ケボンハヌン</rt></ruby> <ruby>영화<rt>ヨンファ</rt></ruby>.

→ 来月公開することが確実に決まっている映画

単語帳 アイドル <ruby>아이돌<rt>アイドル</rt></ruby> / 世界、世の中 <ruby>세상<rt>セサン</rt></ruby> / 列に並ぶ <ruby>줄을 서다<rt>チュルル ソダ</rt></ruby> / 封切する <ruby>개봉하다<rt>ケボンハダ</rt></ruby>

練習

1 次の動詞と存在詞を現在連体形にして、名詞を続けましょう。

① 보다（見る）／드라마（ドラマ）

⇒ _____

② 모르다（わからない）／것（こと）

⇒ _____

③ 가다（行く）／식당（食堂）

⇒ _____

④ 알다（知っている）／사람（人）

⇒ _____

⑤ 인기 있다（人気がある）／아이돌（アイドル）

⇒ _____

⑥ 좋아하다（好きだ）／음식（食べ物）

⇒ _____

⑦ 살다（住む）／집（家）

⇒ _____

⑧ 재미없다（おもしろくない）／영화（映画）

⇒ _____

⑨ 다니다（通う）／학교（学校）

⇒ _____

《 解 答 》

1　**①** 보는 드라마　**②** 모르는 것　**③** 가는 식당　**④** 아는 사람　**⑤** 인기 있는 아이돌
　　⑥ 좋아하는 음식　**⑦** 사는 집　**⑧** 재미없는 영화　**⑨** 다니는 학교

🎤47

～した…（動詞の過去連体形）
語幹＋ㄴ/은

Lesson43では動詞の現在連体形を学びましたが、ここでは어제 간 카페 「昨日行ったカフェ」のように、「過去」を表すときに使う連体形を学びましょう。

～した…（動詞の過去連体形）

● **語幹末にパッチムがない場合：ㄴをつける**

[作り方] 보내다 送る

보내 ＋ ㄴ → 보낸 편지
[語幹]　　　　　　　送った手紙

> ㄷ変則の用言は
> ㄷをとってㄹを
> つけてから은をつけて、
> 듣다「聞く」→들은「聞いた」
> になります。

● **語幹末にパッチムがある場合：은をつける**

[作り方] 받다 もらう

받 ＋ 은 → 받은 선물
[語幹]　　　　　　もらったプレゼント

● **語幹末がㄹパッチムの場合：ㄹをとってㄴをつける**

[作り方] 만들다 作る

만들 ＋ ㄴ → 만든 가방
[語幹]　　　　　　作ったカバン
／ㄹをとる＼

動詞の過去連体形は、語幹末にパッチムがない場合はㄴ、ある場合は은を語幹につけます。語幹末がㄹパッチムの場合はㄹをとってㄴをつけます。

単語帳 注文する 주문하다 / チキン 치킨 / 炒める 볶다 / 海 바다

【 例文 】

① 注文したチキンです。
チュムナン　　　　チキニエヨ
주문한 치킨이에요.

② 炒めた野菜がおいしいです。
ポックン　ヤチェガ　　マシッソヨ
볶은 야채가 맛있어요.

③ 昨年行った海が良かったです。
チャンニョネ　カン　　バダガ　　　チョアッソヨ
작년에 간 바다가 좋았어요.

⑤ 一生懸命貯めたお金で車を買おうと思います。
ヨルシミ　　モウン　　ドヌロ　　チャルル　　サリョゴ　　ヘヨ
열심히 모은 돈으로 차를 사려고 해요.

練習

1 次の動詞を過去連体形にして、名詞を続けましょう。

① 보내다（送る）／메일（メール）

――――――――――――――――――――

② 말하다（話す）／이야기（話）

――――――――――――――――――――

③ 가다（行く）／바다（海）

――――――――――――――――――――

④ 찍다（撮る）／사진（写真）

――――――――――――――――――――

⑤ 놀다（遊ぶ）／친구（友達）

――――――――――――――――――――

《 解答 》

1 　① 보낸 메일　② 말한 이야기　③ 간 바다　④ 찍은 사진　⑤ 논 친구

1 形容詞の現在連体形を使ってヘヨ体の文を完成させましょう。

① 友達は明るい性格です。（明るい 밝다）

친구는 _____ 성격이에요.

② 温かいコーヒーを飲みましょう。（温かい 따뜻하다）

_____ 커피를 마셔요.

③ キムチには多くの種類があります。（多い 많다）

김치에는 _____ 종류가 있어요.

④ 遅い時間にごめんなさい。（遅い 늦다）

_____ 시간에 미안해요.

⑤ 短いヘアスタイルに変えました。（短い 짧다）

_____ 머리 스타일로 바꿨어요.

2 ㅂ変則（→P37）の形容詞の連体形を使ってヘヨ体の文を完成させましょう。

例 맵다（辛い）→매운（ㅂが脱落して운がつく）

① 辛い食べ物もよく食べます。（辛い 맵다）

_____ 음식도 잘 먹어요.

② 暑い日には冷たいビールが最高です。（暑い 덥다）

_____ 날에는 시원한 맥주가 최고예요.

③ 楽しい一日を過ごしてください。（楽しい 즐겁다）

_____ 하루를 보내세요.

④ やさしい方法を教えてください。（やさしい 쉽다）

_____ 방법을 가르쳐 주세요.

3 動詞、存在詞の現在連体形を使ってヘヨ体の文を完成させましょう。

❶ ソウルのおいしい食堂を教えてください。　（おいしい 맛있다）

서울의 ＿＿＿＿＿＿＿＿＿ 식당을 가르쳐 주세요.

❷ 私がよく作る料理です。　（作る 만들다）

제가 자주 ＿＿＿＿＿＿＿＿＿ 요리예요.

❸ 子どもが寝ている部屋です。　（寝る 자다）

아이가 ＿＿＿＿＿＿＿＿＿ 방이에요.

❹ 友達が住んでいる家です。　（住む 살다）

친구가 ＿＿＿＿＿＿＿＿＿ 집이에요.

❺ 泣いている赤ちゃんがいます。　（泣く 울다）

＿＿＿＿＿＿＿＿＿ 아기가 있어요.

❻ タクシー乗り場はどこですか？　（乗る 타다）

택시 ＿＿＿＿＿＿＿＿＿ 곳이 어디예요?

❼ 最近よく聴いている歌は何ですか？　（聞く 듣다）

요즘 자주 ＿＿＿＿＿＿＿＿＿ 노래가 뭐예요?

❽ 服をうまく着る秘訣はありますか？　（着る 입다）

옷을 잘 ＿＿＿＿＿＿＿＿＿ 비결이 있어요?

❾ 私がいつも行く美容院です。　（行く 가다）

제가 항상 ＿＿＿＿＿＿＿＿＿ 미용실이에요.

❿ ミンスさんはよく笑う人です。　（笑う 웃다）

민수 씨는 잘 ＿＿＿＿＿＿＿＿＿ 사람이에요.

4 動詞の過去連体形を使ってヘヨ体の文を完成させましょう。

① あらかじめ予約した後に来てください。　（予約する 예약하다）

미리 ＿＿＿＿＿＿＿＿ 후에 오세요.

② 朝食はバターを塗ったパンを食べました。　（塗る 바르다）

아침은 버터를 ＿＿＿＿＿＿＿＿ 빵을 먹었어요.

③ 洗った食器をふきんで拭きます。　（洗う 씻다）

＿＿＿＿＿＿＿＿ 그릇을 행주로 닦아요.

④ 全部読んだ本は売りました。　（読む 읽다）

다 ＿＿＿＿＿＿＿＿ 책은 팔았어요.

⑤ 庭に植えたバラの花が咲きました。　（植える 심다）

마당에 ＿＿＿＿＿＿＿＿ 장미꽃이 폈어요.

⑥ 服に付いた染みを取りたいです。　（付く 묻다）

옷에 ＿＿＿＿＿＿＿＿ 얼룩을 빼고 싶어요.

⑦ 昨日の夕食に食べたのはカレーです。　（食べる 먹다）

어제 저녁에 ＿＿＿＿＿＿＿＿ 음식은 카레예요.

⑧ 先週送ったメールを確認しましたか？　（送る 보내다）

지난주에 ＿＿＿＿＿＿＿＿ 메일을 확인했어요?

⑨ 昨日一緒に行った美術館です。　（行く 가다）

어제 같이 ＿＿＿＿＿＿＿＿ 미술관이에요.

⑩ この前見た映画はおもしろかったです。　（見る 보다）

지난번에 ＿＿＿＿＿＿＿＿ 영화는 재미있었어요.

5

ㄷ変則（→P36）の動詞の過去連体形を使ってヘヨ体の文を完成させましょう。

例 듣다（聞く）→들은（聞いた）（ㄷが ㄹになって은がつく）

1 昨日ラジオで聴いた歌です。 （聞く 듣다）

어제 라디오에서 ＿＿＿＿＿ 노래예요.

2 私が尋ねた質問に答えてください。 （尋ねる 묻다）

제가 ＿＿＿＿＿ 질문에 대답해 주세요.

3 荷物を積んだ飛行機が到着します。 （積む 싣다）

짐을 ＿＿＿＿＿ 비행기가 도착해요.

4 ここまで歩いた道は4キロです。 （歩く 걷다）

여기까지 ＿＿＿＿＿ 길은 4킬로예요.

《 解答 》

1 **❶** 밝은 **❷** 따뜻한 **❸** 많은 **❹** 늦은 **❺** 짧은 （→Lesson42参照）

2 **❶** 매운 **❷** 더운 **❸** 즐거운 **❹** 쉬운 （→Lesson42参照）

3 **❶** 맛있는 **❷** 만드는 **❸** 자는 **❹** 사는 **❺** 우는 **❻** 타는 **❼** 듣는 **❽** 입는 **❾** 가는
❿ 웃는 （→Lesson43参照）

4 **❶** 예약한 **❷** 바른 **❸** 씻은 **❹** 읽은 **❺** 심은 **❻** 묻은 **❼** 먹은 **❽** 보낸 **❾** 간 **❿** 본
（→Lesson44参照）

5 **❶** 들은 **❷** 물은 **❸** 실은 **❹** 걸은 （→Lesson44参照）

連体形は時制の区別が
大事なポイントです！

187

🎤48

〜したことがある
語幹＋ㄴ/은 <ruby>적<rt>チョギ</rt></ruby> <ruby>이<rt>ン</rt></ruby> <ruby>있다<rt>ウン チョギ イッタ</rt></ruby>

Lesson44で学んだ動詞の過去連体形を応用して、<ruby>간 적이 있다<rt>カン チョギ イッタ</rt></ruby>「行ったことがある」のような、過去の経験を表す表現を学びましょう。

〜したことがある

● **語幹末にパッチムがない場合** ： ㄴ <ruby>적이 있어요<rt>ン チョギ イッソ ヨ</rt></ruby>をつける

作り方 <ruby>보다<rt>ポダ</rt></ruby> 見る

<ruby>보<rt>ポ</rt></ruby>＋<ruby>ㄴ 적이 있어요<rt>ン チョギ イッソヨ</rt></ruby> → <ruby>본 적이 있어요<rt>ポン チョギ イッソヨ</rt></ruby>
語幹
　　　　見たことがあります

● **語幹末にパッチムがある場合** ： 은 <ruby>적이 있어요<rt>ウン チョギ イッソ ヨ</rt></ruby>をつける

作り方 <ruby>읽다<rt>イクタ</rt></ruby> 読む

<ruby>읽<rt>イク</rt></ruby>＋<ruby>은 적이 있어요<rt>ウン チョギ イッソヨ</rt></ruby> → <ruby>읽은 적이 있어요<rt>イルグン チョギ イッソヨ</rt></ruby>
語幹
　　　　読んだことがあります

● **語幹末が ㄹ パッチムの場合** ： ㄹをとって ㄴ <ruby>적이 있어요<rt>ン チョギ イッソ ヨ</rt></ruby>をつける

作り方 <ruby>살다<rt>サルダ</rt></ruby> 住む（暮らす）

<ruby>살<rt>サル</rt></ruby>＋<ruby>ㄴ 적이 있어요<rt>ン チョギ イッソヨ</rt></ruby> → <ruby>산 적이 있어요<rt>サン チョギ イッソヨ</rt></ruby>
語幹
／ㄹをとる＼　　住んだことがあります

　　経験の表現は、語幹末にパッチムがない場合は <ruby>ㄴ 적이 있다<rt>ン チョギ イッタ</rt></ruby>、ある場合は <ruby>은 적이 있다<rt>ウン チョギ イッタ</rt></ruby>をつけて活用します。語幹末がㄹパッチムの場合はㄹをとって <ruby>ㄴ 적이 있다<rt>ン チョギ イッタ</rt></ruby>を語幹につけます。<ruby>있다<rt>イッタ</rt></ruby>を<ruby>없다<rt>オプタ</rt></ruby>に変えれば「〜したことがない」という表現になります。

単語帳 中国語 <ruby>중국어<rt>チュングゴ</rt></ruby> / ヨーロッパ <ruby>유럽<rt>ユロプ</rt></ruby> / 掛ける <ruby>걸다<rt>コルダ</rt></ruby> / たばこを吸う <ruby>담배를 피우다<rt>タムベルル ピウダ</rt></ruby>

【 例文 】

① ミンギュさんと会ったことがあります。

<ruby>민규<rt>ミンギュ</rt></ruby> <ruby>씨랑<rt>ッシラン</rt></ruby> <ruby>만난<rt>マンナン</rt></ruby> <ruby>적이<rt>チョギ</rt></ruby> <ruby>있어요<rt>イッソヨ</rt></ruby>.

② 中国語を学んだことがありますか？

<ruby>중국어를<rt>チュングゴルル</rt></ruby> <ruby>배운<rt>ベウン</rt></ruby> <ruby>적이<rt>チョギ</rt></ruby> <ruby>있어요<rt>イッソヨ</rt></ruby>？

③ サッカーを一度もやったことがありません。

<ruby>축구를<rt>チュックルル</rt></ruby> <ruby>한<rt>ハン</rt></ruby> <ruby>번도<rt>ボンド</rt></ruby> <ruby>해<rt>ヘ</rt></ruby> <ruby>본<rt>ボン</rt></ruby> <ruby>적이<rt>チョギ</rt></ruby> <ruby>없어요<rt>オプソヨ</rt></ruby>.

④ ヨーロッパに行ったことがありません。

<ruby>유럽에<rt>ユロベ</rt></ruby> <ruby>가<rt>カ</rt></ruby> <ruby>본<rt>ボン</rt></ruby> <ruby>적이<rt>チョギ</rt></ruby> <ruby>없어요<rt>オプソヨ</rt></ruby>.

Lesson40（→P162）の<ruby>아<rt>ア</rt></ruby>/<ruby>어<rt>オ</rt></ruby> <ruby>보다<rt>ボダ</rt></ruby>「～してみる」と組み合わせて、<ruby>아<rt>ア</rt></ruby>/<ruby>어<rt>オ</rt></ruby> <ruby>본<rt>ボン</rt></ruby> <ruby>적이<rt>チョギ</rt></ruby> <ruby>있다<rt>イッタ</rt></ruby>/<ruby>없다<rt>オプタ</rt></ruby>「～してみたことがある・ない」という表現もよく使われます。

練習

1 次の語句を「～したことがあります」の形にしてみましょう。

① 반지를 받다（指輪をもらう）

＿＿＿＿＿＿＿＿＿＿＿＿＿＿＿＿＿＿ .

② 전화를 걸다（電話をかける）

＿＿＿＿＿＿＿＿＿＿＿＿＿＿＿＿＿＿ .

③ 담배를 피우다（たばこを吸う）

＿＿＿＿＿＿＿＿＿＿＿＿＿＿＿＿＿＿ .

④ 술을 마시다（お酒を飲む）

＿＿＿＿＿＿＿＿＿＿＿＿＿＿＿＿＿＿ .

....

《 解答 》

1　**①** 반지를 받은 적이 있어요　**②** 전화를 건 적이 있어요　**③** 담배를 피운 적이 있어요　**④** 술을 마신 적이 있어요

～する…（動詞の未来連体形）
語幹＋ㄹ/을

Lesson43 ～ 44で動詞の現在・過去連体形を学びましたが、ここでは내일 갈 카페「明日行くカフェ」のような、「未来」を表す連体形を学びましょう。

～する…（動詞の未来連体形）

●語幹末にパッチムがない場合：ㄹをつける

作り方　마시다 飲む

마시 ＋ ㄹ → 마실 주스
語幹

飲むジュース

●語幹末にパッチムがある場合：을をつける

作り方　먹다 食べる

먹 ＋ 을 → 먹을 밥
語幹

食べるごはん

변칙の用言は ㄷ を ㄹ に
かえてから을をつけて、
듣다「聞く」→들을「聞く」
になります。

●語幹末が ㄹ パッチムの場合：ㄹをとってㄹをつける

作り方　놀다 遊ぶ

놀 ＋ ㄹ → 놀 시간
語幹
ㄹをとる

遊ぶ時間

動詞の未来連体形は、語幹末にパッチムがない場合はㄹ、ある場合は을を語幹につけます。語幹末がㄹパッチムの場合はㄹをとってㄹをつけるので注意しましょう。

単語帳　やがて、すぐに 곧 ／ ～の時 때 ／ 後で 이따가 ／ 雑誌 잡지

【 例文 】

① もうすぐバスが来る時間です。

<ruby>곧<rt>コッ</rt></ruby> <ruby>버스가<rt>ボスガ</rt></ruby> <ruby>올<rt>オル</rt></ruby> <ruby>시간이에요<rt>シガニエヨ</rt></ruby>.

② パーティーの時に着る服がありません。

<ruby>파티<rt>バティ</rt></ruby> <ruby>때<rt>ッテ</rt></ruby> <ruby>입을<rt>イブル</rt></ruby> <ruby>옷이<rt>オシ</rt></ruby> <ruby>없어요<rt>オプソヨ</rt></ruby>.

③ 病院に行く時間がありますか?

<ruby>병원에<rt>ビョンウォネ</rt></ruby> <ruby>갈<rt>カル</rt></ruby> <ruby>시간이<rt>シガニ</rt></ruby> <ruby>있어요<rt>イッソヨ</rt></ruby>?

④ あとで読む雑誌を買いました。

<ruby>이따가<rt>イッタガ</rt></ruby> <ruby>읽을<rt>イルグル</rt></ruby> <ruby>잡지를<rt>チャァチルル</rt></ruby> <ruby>샀어요<rt>サッソヨ</rt></ruby>.

未来連体形を使えば
今後の予定や可能性を
表すことができます。

練習

1　次の動詞を未来連体形にして、名詞を続けましょう。

① 가다（行く）／시간（時間）

_____

② 찾다（探す）／책（本）

_____

③ 만들다（作る）／요리（料理）

_____

④ 배우다（学ぶ）／한국어（韓国語）

_____

《 解答 》

1　❶ 갈 시간　❷ 찾을 책　❸ 만들 요리　❹ 배울 한국어

🎙50

～するつもりです
語幹+ㄹ（ル）/을（ウル） 거예요（コエヨ）

Lesson46で学んだ動詞の未来連体形を応用して、갈（カル） 거예요（コエヨ）「行くつもりです」のような未来の予定や計画を表す表現を学びましょう。

～するつもりです

● **語幹末にパッチムがない場合：** ㄹ（ル） 거예요（コエヨ）をつける

作り方　보다（ボダ） 見る

보（ボ） ＋ ㄹ（ル） 거예요（コエヨ） → 볼（ボル） 거예요（コエヨ）
　語幹　　　　　　　　　　　　　　見るつもりです

> 語尾に？をつければ
> 「～するつもりですか？」
> という疑問文に
> なります！

● **語幹末にパッチムがある場合：** 을（ウル） 거예요（コエヨ）をつける

作り方　있다（イッタ） いる

있（イッ） ＋ 을（ウル） 거예요（コエヨ） → 있을（イッスル） 거예요（コエヨ）
　語幹　　　　　　　　　　　　　　　いるつもりです

● **語幹末がㄹパッチムの場合：** ㄹをとって ㄹ（ル） 거예요（コエヨ）をつける

作り方　만들다（マンドゥルダ） 作る

만들（マンドゥル） ＋ ㄹ（ル） 거예요（コエヨ） → 만들（マンドゥル） 거예요（コエヨ）
　語幹　　　　　　　　　　　　　　　作るつもりです
／ㄹをとる＼

予定や計画の表現は、用言の語幹末にパッチムがない場合はㄹ（ル） 거예요（コエヨ）、ある場合は을（ウル） 거예요（コエヨ）を語幹につけて表します。語幹末がㄹパッチムの場合はㄹをとってから、ㄹ（ル） 거예요（コエヨ）をつけます。

単語帳　歯医者 치과（チクァ） / 年齢、歳 나이（ナイ） / 気に入る 마음에 들다（マウメ トゥルダ） / 上手だ、うまい 잘하다（チャラダ）

【 例文 】

① 明日歯医者に行くつもりです。
　　　<ruby>ネイル<rt></rt></ruby> <ruby>チクァエ<rt></rt></ruby> <ruby>カル<rt></rt></ruby> <ruby>コエヨ<rt></rt></ruby>
　내일 치과에 갈 거예요.

② いつ電話するつもりですか?
　　　<ruby>オンジェ<rt></rt></ruby> <ruby>チョヌァハル<rt></rt></ruby> <ruby>コエヨ<rt></rt></ruby>
　언제 전화할 거예요?

③ 夕方雨が降るでしょう。
　　　<ruby>チョニョゲ<rt></rt></ruby> <ruby>ビガ<rt></rt></ruby> <ruby>オル<rt></rt></ruby> <ruby>コエヨ<rt></rt></ruby>
　저녁에 비가 올 거예요.

④ 私より年上でしょう。
　　　<ruby>チョボダ<rt></rt></ruby> <ruby>ナイガ<rt></rt></ruby> <ruby>マヌル<rt></rt></ruby> <ruby>コエヨ<rt></rt></ruby>
　저보다 나이가 많을 거예요.

⑤ きっと気に入られるでしょう。
　　　<ruby>マウメ<rt></rt></ruby> <ruby>ッコク<rt></rt></ruby> <ruby>トゥシル<rt></rt></ruby> <ruby>コエヨ<rt></rt></ruby>
　마음에 꼭 드실 거예요.

主語が3人称の場合は
「～でしょう」という
推測の意味でも
使われます。

練習

1 次の語句を「～するつもりです、～でしょう」の形にしてみましょう。

① 빵을 만들다（パンを作る）

_____ .

② 비가 오다（雨が降る）

_____ .

③ 잘할 수 있다（うまくできる）

_____ .

④ 이야기가 길다（話が長い）

_____ .

《 解答 》
1 ❶ 빵을 만들 거예요 ❷ 비가 올 거예요 ❸ 잘할 수 있을 거예요 ❹ 이야기가 길 거예요

193

Lesson **48**

🎙51

～するとき
語幹＋ㄹ（ル）/을（ウル） 때（ッテ）

Lesson46で学んだ動詞の未来連体形を応用して、「～するとき」のように、あることが起きる時点を表す表現を学びましょう。

～するとき

●**語幹末にパッチムがない場合：ㄹ（ル）때（ッテ）をつける**

作り方　기쁘다（キップダ）うれしい

기쁘（キップ）＋ㄹ（ル）때（ッテ）→기쁠 때（キップル ッテ）
語幹
うれしいとき

ㅂ変則の用言はㅂ（ピウプ）をとって을（ウル）때（ッテ）をつけて、춥다（チュプタ）「寒い」→추울 때（チュウル ッテ）「寒いとき」になります。

●**語幹末にパッチムがある場合：을（ウル）때（ッテ）をつける**

作り方　신다（シンタ）履く

신（シン）＋을 때（ウル ッテ）→신을 때（シヌル ッテ）
語幹
履くとき

●**語幹末がㄹパッチムの場合：ㄹをとってㄹ（ル）때（ッテ）をつける**

作り方　놀다（ノルダ）遊ぶ

놀（ノル）＋ㄹ（ル）때（ッテ）→놀 때（ノル ッテ）
語幹
遊ぶとき
ㄹをとる

時点の表現は、用言の語幹末にパッチムがない場合はㄹ（ル）때（ッテ）、ある場合は을（ウル）때（ッテ）を語幹につけて表します。語幹末がㄹパッチムの場合はㄹをとって、ㄹ（ル）때（ッテ）をつけます。

単語帳　出かける 나가다（ナガダ）/ 取りまとめる、準備する 챙기다（チェンギダ）/確認する 확인하다（ファギナダ）/ 運転する 운전하다（ウンジョナダ）/ いつも 항상（ハンサン）/用心する、気を付ける 조심하다（チョシマダ）/ 手 손（ソン）/ 気分 기분（キブン）

【 例文 】

①　午後に出かけるとき傘を持って行ってください。

オフエ　ナガル　ッテ　ウサヌル　　チェンギセヨ
오후에 나갈 **때** 우산을 챙기세요.

②　服を買うときサイズを確認してください。

オスル　サル　ッテ　　サイズルル　　ファギナセヨ
옷을 살 **때** 사이즈를 확인하세요.

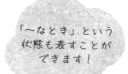

「～なとき」という
状態も表すことが
できます！

③　運転するときいつも気を付けてください。

ウンジョナル　ッテ　ハンサン　　チョシマセヨ
운전할 **때** 항상 조심하세요.

④　食事をするとき必ず手を洗います。

シクサルル　ハル　ッテ　ッコク　ソヌル　　ッシッソヨ
식사를 할 **때** 꼭 손을 씻어요.

⑤　気分がよくないとき音楽を聞きます。

キブニ　アン　ジョウル　ッテ　ウマグル　　トゥロヨ
기분이 안 좋을 **때** 음악을 들어요.

～したとき

図書館に行ったとき。

トソグァネ　カッスル　ッテ
도서관에 <u>갔을</u> <u>때</u>.
図書館　に　行った　とき

初めて食べてみたとき。

チョウム　モゴ　ボアッスルッテ
처음 먹어 <u>봤을</u> <u>때</u>.
初めて　食べてみた　とき

ハダ
하다用言の場合は、
ヘッスル　ッテ
했을 때「～したとき」
となります。

ル　ウルッテ
ㄹ/을 때の前の用言をLesson18（→P78）で習った過去形にすると、
アッ
았/
オッスルッテ
었을 때「～したとき」という過去の時点を表す表現になります。

【 例文 】

① ソウルに行ったときサムゲタンを食べました。

서울에 갔을 때 삼계탕을 먹었어요.
<small>ソウレ　カッスル　ッテ　サムゲタンウル　モゴッソヨ</small>

② その映画を初めて観たとき本当に感動しました。

그 영화를 처음 봤을 때 정말 감동했어요.
<small>ク　ヨンファルル　チョウム　ボアッスル　ッテ　チョンマル　カムドンヘッソヨ</small>

③ 初めて韓国語を学んだとき難しかったです。

처음 한국어를 배웠을 때 어려웠어요.
<small>チョウム　ハングゴルル　ベウォッスル　ッテ　オリョウォッソヨ</small>

④ 幼かったとき姉とよくケンカしました。

어렸을 때 언니랑 자주 싸웠어요.
<small>オリョッスル　ッテ　オンニラン　チャジュ　サウォッソヨ</small>

⑤ 到着したとき天気はどうでしたか?

도착했을 때 날씨가 어땠어요?
<small>トチャケッスル　ッテ　ナルッシガ　オッテッソヨ</small>

⑥ 椅子に座ったとき腰が痛かったです。

의자에 앉았을 때 허리가 아팠어요.
<small>ウイジャエ　アンジャッスル　ッテ　ホリガ　アパッソヨ</small>

過去形は
Lesson18（→P78）で
復習しよう!

Check!

指定詞の過去表現

指定詞の過去形였다/이었다「だった」、아니었다「ではなかった」も았/었을 때「~だったとき」と組み合わせることができます。名詞の最後にパッチムがない場合は였을 때、パッチムがある場合は이었을 때つけて表します。

<small>ヨッタ イオッタ　　　　アニオッタ　　　　アッ オッスル　ッテ　　　　　　　　　ヨッスル ッテ　　　　　　イオッスル ッテ</small>

例 友達だったとき　　　　冬だったとき

친구였을 때　　　　겨울이었을 때
<small>チングヨッスル　ッテ　　　　キョウリオッスル　ッテ</small>

  サムゲタン 삼계탕 / 初めて 처음 / 感動する 감동하다 / 幼い 어리다 / ケンカする
<small>サムゲタン　　　　　　　チョウム　　　　　　　カムドンハダ　　　　　オリダ</small>
싸우다 / どうだ 어떠다 / 椅子 의자 / 腰 허리 / 痛い 아프다 / 野球 야구 / ケガする 다치다
<small>ッサウダ　　　　　　オットダ　　　　イジャ　　　　ホリ　　　　アプダ　　　　　ヤグ　　　　　　　タチダ</small>

練習

1 下の語句を「〜するとき」「〜したとき」の形にしてみましょう。
❶〜❺は ㄹ/을 때、❻〜❾は 았/었을 때を使いましょう。

❶ 시간이 있다（時間がある）

　⇒ _____

❷ 학교에 다니다（学校に通う）

　⇒ _____

❸ 영어를 배우다（英語を学ぶ）

　⇒ _____

❹ 구두를 사다（靴を買う）

　⇒ _____

❺ 한국에 살다（韓国に住む）

　⇒ _____

❻ 야구를 하다（野球をする）

　⇒ _____

❼ 전화를 받다（電話を受ける）

　⇒ _____

❽ 허리를 다치다（腰をケガする）

　⇒ _____

❾ 영화를 좋아하다（映画が好きだ）

　⇒ _____

・・・

《 解 答 》

1　❶ 시간이 있을 때　❷ 학교에 다닐 때　❸ 영어를 배울 때　❹ 구두를 살 때　❺ 한국에 살 때
　❻ 야구를 했을 때　❼ 전화를 받았을 때　❽ 허리를 다쳤을 때　❾ 영화를 좋아했을 때

1 「～したことがある、～したことがない」の表現を使ってヘヨ体の文を完成させましょう。

① 済州島に行ったことがありますか？　（行く 가다）

제주도에 _____ .

② 家でキムチを作ったことがあります。　（作る 만들다）

집에서 김치를 _____ .

③ ひどい風邪にかかったことがあります。　（(風邪に)かかる 걸리다）

독감에 _____ .

④ 中国語を勉強したことがあります。　（勉強する 공부하다）

중국어를 _____ .

⑤ そんなことはやってみたことがありません。　（やってみる 해 보다）

그런 것은 _____ .

⑥ ギターを弾いたことがありますか？　（弾く 치다）

기타를 _____ .

⑦ ビビンバを食べてみたことがありますか？　（食べてみる 먹어 보다）

비빔밥을 _____ .

⑧ ミュージカルを実際に見たことがありません。　（見る 보다）

뮤지컬을 실제로 _____ .

⑨ 友達のご両親に会ったことがあります。　（会う 만나다）

친구 부모님을 _____ .

2 ㄷ変則（→P36）の動詞の過去連体形を使って、「〜したことがある」の表現を使ったヘヨ体の文を完成させましょう。

例 듣다（聞く）→들은（聞いた）（ㄷがㄹになって은がつく）

1 その話は前に聞いたことがあります。 （聞く 듣다）

그 이야기는 전에 ＿＿＿＿＿＿ 적이 있어요.

2 そこまで歩いたことがあります。 （歩く 걷다）

거기까지 ＿＿＿＿＿＿ 적이 있어요.

3 本当にわからなくて尋ねたことがあります。 （尋ねる 묻다）

정말 몰라서 ＿＿＿＿＿＿ 적이 있어요.

3 動詞の未来連体形の表現を使ってヘヨ体の文を完成させましょう。

1 新しく住む部屋を契約しました。 （住む 살다）

새로 ＿＿＿＿＿＿ 방을 계약했어요.

2 友達の結婚式の時に履く靴を買いました。 （履く 신다）

친구 결혼식 때에 ＿＿＿＿＿＿ 구두를 샀어요.

3 もうすぐ生まれてくる赤ちゃんの服です。 （生まれる 태어나다）

곧 ＿＿＿＿＿＿ 아기의 옷이에요.

4 韓国に送る荷物をまとめてください。 （送る 보내다）

한국에 ＿＿＿＿＿＿ 짐을 싸세요.

5 明日食べるおかずを作りました。 （食べる 먹다）

내일 ＿＿＿＿＿＿ 반찬을 만들었어요.

4 「〜するつもりです」「〜でしょう」の表現を使ってヘヨ体の文を完成させましょう。❸はゝ変則用言（→P38）、❹はㅂ変則用言（→P37）に注意しましょう。

❶ 家に帰ったらドラマを見るつもりです。 （見る 보다）

집에 가면 드라마를 ＿＿＿＿＿＿＿＿＿＿＿＿ .

❷ 夕食にラーメンを食べるつもりです。 （食べる 먹다）

저녁으로 라면을 ＿＿＿＿＿＿＿＿＿＿＿＿ .

❸ 傷も来週には治るでしょう。 （治る 낫다）

상처도 다음 주에는 ＿＿＿＿＿＿＿＿＿＿＿＿ .

❹ 明日もとても暑いでしょう （暑い 덥다）

내일도 아주 ＿＿＿＿＿＿＿＿＿＿＿＿＿＿ .

5 「〜するとき」「〜したとき」の表現を使ってヘヨ体の文を完成させましょう。❸はㅂ変則（→P37）に注意しましょう。

❶ 幼かった時はとても泣き虫でした。 （幼い 어리다）

＿＿＿＿＿＿＿＿＿＿ 때는 정말 울보였어요 .

❷ 具合が悪い時はゆっくり休んでください。 （具合が悪い 아프다）

몸이 ＿＿＿＿＿＿＿＿ 때는 푹 쉬세요 .

❸ 寒い時は暖房をつけてください。 （寒い 춥다）

＿＿＿＿＿＿＿＿＿＿ 때는 난방을 켜세요 .

❹ 若かった時は本当に美しかったです。 （若い 젊다）

＿＿＿＿＿＿＿＿＿＿ 때는 정말 아름다웠어요 .

❺ 遊ぶ時は楽しく遊びましょう。 （遊ぶ 놀다）

＿＿＿＿＿＿＿＿＿＿ 때는 신나게 놀아요 .

6 変則用言 （→P34）に注意しながら、「〜するとき」「〜したとき」の表現を使ってヘヨ体の文を完成させましょう。

❶ 説明が難しいときは言ってください。 （難しい 어렵다）

설명이 ＿＿＿＿＿＿＿＿ 때는 말해 줘요.

❷ 横になる時に腰が少し痛いです。 （横になる 눕다）

＿＿＿＿＿＿＿＿ 때 허리가 좀 아파요.

❸ 前に聞いた時と話が違います。 （聞く 듣다）

이전에 ＿＿＿＿＿＿＿＿ 때와 이야기가 달라요.

《 解 答 》

1　❶ 간 적이 있어요?　❷ 만든 적이 있어요　❸ 걸린 적이 있어요　❹ 공부한 적이 있어요
　　❺ 해 본 적이 없어요　❻ 친 적이 있어요?　❼ 먹어 본 적이 있어요?　❽ 본 적이 없어요
　　❾ 만난 적이 있어요　（→Lesson45参照）

2　❶ 들은　❷ 걸은　❸ 물은　（→Lesson45参照）

3　❶ 살　❷ 신을　❸ 태어날　❹ 보낼　❺ 먹을　（→Lesson46参照）

4　❶ 볼 거예요　❷ 먹을 거예요　❸ 나을 거예요　❹ 더울 거예요　（→Lesson47参照）

5　❶ 어렸을　❷ 아플　❸ 추울　❹ 젊었을　❺ 놀　（→Lesson48参照）

6　❶ 어려울　❷ 누울　❸ 들었을　（→Lesson48参照）

連体形を使うと
物事の状態や感情を
より具体的に
表せます！

変則活用の連体形も
繰り返し練習して
みましょう！

●覚えておきたい助詞

本書で紹介した助詞の中でも、特に重要な助詞です。パッチムの欄が
斜線になっているものは、パッチムの有無に関係なく使うことができます。

意味	パッチム	助詞	例文
～は	なし	ヌン 는	チョヌン ハクセンイエヨ 저 는 학생이에요 . 私は学生です。
	あり	ウン 은	オヌルン スヨイリエヨ 오늘은 수요일이에요 . 今日は水曜日です。
～が	なし	カ 가	チングガ キョロネヨ 친구가 결혼해요 . 友達が結婚します。
	あり	イ 이	ネイリ シホミエヨ 내일이 시험이에요 . 明日が試験です。
～を	なし	ルル 를	ヤグルル ヘヨ 야구를 해요 . 野球をします。
	あり	ウル 을	パブル モゴヨ 밥을 먹어요 . ごはんを食べます。
～と	なし	ワ 와	アボジワ オモニ 아버지와 어머니 . 父と母。
	あり	クァ 과	パムグァ アチム 밤 과 아침 . 夜と朝。
		ハゴ 하고	ナムドンセンハゴ ヨドンセン 남동생하고 여동생 . 弟と妹。
～も		ト 도	オモニド ウィサイエヨ 어머니도 의사예요 . 母も医者です。

意味	パッチム	助詞	例文
～の		_エ 의	^{ソンセンニメ} ^{カバンイエヨ} 선생님의 가방이에요. 先生のカバンです。
～に（時間・場所）		_エ 에	^{ハングゲ} ^{カッソヨ} 한국에 갔어요. 韓国に行きました。
～に（人・動物）		_{エゲ} 에게	^{チングエゲ} ^{チョヌァヘヨ} 친구에게 전화해요. 友達に電話します。
		_{ハンテ} 한테 ※話し言葉	^{チングハンテ} ^{ムロボァヨ} 친구한테 물어봐요. 友達に聞いてみてください。
～から（場所の起点）		_{エソ} 에서	^{イルボネソ} ^{ワッソヨ} 일본에서 왔어요. 日本から来ました。
～から（人・動物）		_{エゲソ} 에게서	^{オンニエゲソ} ^{パダッソヨ} 언니에게서 받았어요. 姉からもらいました。
～で（手段）	なし （ㄹパッチム）	_ロ 로	^{テクシロ} ^{カヨ} 택시로 가요. タクシーで行きます。
	あり	_{ウロ} 으로	^{トヌロ} ^{サヨ} 돈으로 사요. お金で買います。
～に（方向）	なし （ㄹパッチム）	_ロ 로	^{オディロ} ^{カセヨ} 어디로 가세요? どこへ行きますか？
	あり	_{ウロ} 으로	^{ヨグロ} ^{カセヨ} 역으로 가세요. 駅に行ってください。
～から （時間・順序の起点）		_{プト} 부터	^{トゥシブト} ^{コンブヘヨ} 2시부터 공부해요. 2時から勉強します。
～まで （時間・空間の限度）		_{ッカジ} 까지	^{チュマルッカジ} ^{パッパヨ} 주말까지 바빠요. 週末まで忙しいです。

●変則活用一覧

Lesson10（→P34）で紹介した変則活用の活用例を
確認してみましょう。ここでは主に動詞を紹介しています。

変則	語幹末の母音	原形	고 ～して	（으）면 ～すれば
르変則	르の前が陽母音 （ ﾄ , ⊥ ）	モルダ 모르다 知らない	모르고 知らなくて	모르면 知らなければ
	르の前が陰母音 （ ﾄ , ⊥以外 ）	ヌルダ 누르다 押す	누르고 押して	누르면 押せば
으変則	陽母音 （ ﾄ , ⊥ ）	アプダ 아프다 痛い	아프고 痛くて	아프면 痛ければ
	陰母音 （ ﾄ , ⊥以外 ）	イェップダ 예쁘다 書く	예쁘고 きれいで	예쁘면 きれいなら
ㄷ変則	陽母音 （ ﾄ , ⊥ ）	ッケダッタ 깨닫다 悟る	깨닫고 悟って	깨달으면 悟れば
	陰母音 （ ﾄ , ⊥以外 ）	トゥッタ 듣다 聞く	듣고 聞いて	들으면 聞けば
ㅂ変則	陽母音 （ ﾄ , ⊥ ）	カッカブタ 가깝다 近い	가깝고 近くて	가까우면 近ければ
	陰母音 （ ﾄ , ⊥以外 ）	チュブタ 춥다 寒い	춥고 寒くて	추우면 寒ければ
ㅅ変則	陽母音 （ ﾄ , ⊥ ）	ナッタ 낫다 治る	낫고 治して	나으면 治れば
	陰母音 （ ﾄ , ⊥以外 ）	チッタ 짓다 建てる	짓고 建てて	지으면 建てれば
ㅎ変則	陽母音 （ ﾄ , ⊥ ）	ッパルガッタ 빨갛다 赤い	빨갛고 赤くて	빨가면 赤ければ
	陰母音 （ ﾄ , ⊥以外 ）	クロッタ 그렇다 そうだ	그렇고 そうだ	그러면 そうだ

204

※ 青色になっているものは形容詞の連体形です。
※ 形容詞にも過去・未来連体形がありますが、本書では紹介していないため省略しています。

（으）세요 〜されます	아 / 어요 〜です、ます	連体形		
		現在 動詞　는 形容詞　ㄴ	過去 動詞　ㄴ / 은	未来 動詞　ㄹ / 을
모르세요 ご存知ないです	몰라요 知らないです	모르는 知らない〜	모른 知らない〜	모를 知らない〜
누르세요 押されます	눌러요 押します	누르는 押す〜	누른 押した〜	누를 押す〜
아프세요 痛いです	아파요 痛いです	아픈 痛い〜		
예쁘세요 おきれいです	예뻐요 きれいです	예쁜 きれいな〜		
깨달으세요 悟られます	깨달아요 悟ります	깨닫는 悟る〜	깨달은 悟った〜	깨달을 悟る〜
들으세요 聞かれます	들어요 聞きます	듣는 聞く〜	들은 聞いた〜	들을 聞く〜
가까우세요 近いです	가까워요 近いです	가까운 近い〜		
추우세요 寒いです	추워요 寒いです	추운 寒い〜		
나으세요 治されます	나아요 治ります	낫는 治る〜	나은 治った〜	나을 治る〜
지으세요 建てられます	지어요 建てます	짓는 建てる〜	지은 建てた〜	지을 建てる〜
빨가세요 赤いです	빨개요 赤いです	빨간 赤い〜		
그러세요 そうされます	그래요 そうです	그런 そうである〜		

●反切表

日本語の五十音表にあたります。母音と子音の組み合わせを確認しましょう。

子音＼母音	ㅏ [a]	ㅑ [ja]	ㅓ [ɔ]	ㅕ [jɔ]	ㅗ [o]	ㅛ [jo]	ㅜ [u]	ㅠ [ju]	ㅡ [ɯ]	ㅣ [i]
ㄱ [k/g]	가	갸	거	겨	고	교	구	규	그	기
ㄴ [n]	나	냐	너	녀	노	뇨	누	뉴	느	니
ㄷ [t/d]	다	댜	더	뎌	도	됴	두	듀	드	디
ㄹ [r/l]	라	랴	러	려	로	료	루	류	르	리
ㅁ [m]	마	먀	머	며	모	묘	무	뮤	므	미
ㅂ [p/b]	바	뱌	버	벼	보	뵤	부	뷰	브	비
ㅅ [s/ʃ]	사	샤	서	셔	소	쇼	수	슈	스	시
ㅇ [無音/ŋ]	아	야	어	여	오	요	우	유	으	이
ㅈ [tʃ/ʤ]	자	쟈	저	져	조	죠	주	쥬	즈	지
ㅊ [ʧʰ]	차	챠	처	쳐	초	쵸	추	츄	츠	치
ㅋ [kʰ]	카	캬	커	켜	코	쿄	쿠	큐	크	키
ㅌ [tʰ]	타	탸	터	텨	토	툐	투	튜	트	티
ㅍ [pʰ]	파	퍄	퍼	펴	포	표	푸	퓨	프	피
ㅎ [h]	하	햐	허	혀	호	효	후	휴	흐	히
ㄲ [ʔk]	까	꺄	꺼	껴	꼬	꾜	꾸	뀨	끄	끼
ㄸ [ʔt]	따	땨	떠	뗘	또	뚀	뚜	뜌	뜨	띠
ㅃ [ʔp]	빠	뺘	뻐	뼈	뽀	뾰	뿌	쀼	쁘	삐
ㅆ [ʔs]	싸	쌰	써	쎠	쏘	쑈	쑤	쓔	쓰	씨
ㅉ [ʔʧ]	짜	쨔	쩌	쪄	쪼	쬬	쭈	쮸	쯔	찌

※　グレーになっている文字はハングルの理論上存在しますが、
　　実際にはあまり使われません。

母音 子音	ㅐ [ɛ]	ㅒ [jɛ]	ㅔ [e]	ㅖ [je]	ㅘ [wa]	ㅙ [wɛ]	ㅚ [we]	ㅝ [wɔ]	ㅞ [we]	ㅟ [wi]	ㅢ [ɯi]
ㄱ[k/g]	개	걔	게	계	과	괘	괴	궈	궤	귀	긔
ㄴ[n]	내	냬	네	녜	놔	놰	뇌	눠	눼	뉘	늬
ㄷ[t/d]	대	댸	데	뎨	돠	돼	되	둬	뒈	뒤	듸
ㄹ[r/l]	래	럐	레	례	롸	뢔	뢰	뤄	뤠	뤼	릐
ㅁ[m]	매	먜	메	몌	뫄	뫠	뫼	뭐	뭬	뮈	믜
ㅂ[p/b]	배	뱨	베	볘	봐	봬	뵈	붜	붸	뷔	븨
ㅅ[s/ʃ]	새	섀	세	셰	솨	쇄	쇠	숴	쉐	쉬	싀
ㅇ[無音/ŋ]	애	얘	에	예	와	왜	외	워	웨	위	의
ㅈ[tʃ/ʤ]	재	쟤	제	졔	좌	좨	죄	줘	줴	쥐	즤
ㅊ[ʧʰ]	채	챼	체	쳬	촤	쵀	최	춰	췌	취	츼
ㅋ[kʰ]	캐	컈	케	켸	콰	쾌	쾨	쿼	퀘	퀴	킈
ㅌ[tʰ]	태	턔	테	톄	톼	퇘	퇴	퉈	퉤	튀	틔
ㅍ[pʰ]	패	퍠	페	폐	퐈	퐤	푀	풔	풰	퓌	픠
ㅎ[h]	해	햬	헤	혜	화	홰	회	훠	훼	휘	희
ㄲ[ʔk]	깨	꺠	께	꼐	꽈	꽤	꾀	꿔	꿰	뀌	끠
ㄸ[ʔt]	때	떄	떼	뗴	똬	뙈	뙤	뛰	뛔	뛰	띄
ㅃ[ʔp]	빼	뺴	뻬	뼤	뽜	뽸	뾔	뿨	쀄	쀠	쁴
ㅆ[ʔs]	쌔	썌	쎄	쎼	쏴	쐐	쐬	쒀	쒜	쒸	씌
ㅉ[ʔʧ]	째	쨰	쩨	쪠	쫘	쫴	쬐	쭤	쮀	쮜	찜

●著者
金孝珍（キム・ヒョジン）
韓国全羅南道出身。1996年来日。明治大学大学院文学研究科博士課程修了。明治大学、中央学院大学、中央大学非常勤講師。著書に『即！実践　楽しもう韓国語』（白帝社）、監修書に『ポケット版　実用日韓・韓日辞典』（成美堂出版）、『CD付き オールカラーすぐに話せる！　韓国語会話』（ナツメ社）などがある。

●編集協力　　　株式会社ゴーシュ（小野寺淑美、五島洪）
●執筆協力　　　中山義幸（Studio GICO）
●イラスト　　　uni
●録音　　　　　一般財団法人 英語教育協議会（ELEC）
●ナレーター　　水月優希、イ・ミヒョン
●デザイン　　　伊藤悠
●DTP　　　　　但馬園子、株式会社フォルマージュ・デザインスタジオ
●編集担当　　　遠藤やよい（ナツメ出版企画株式会社）

本書に関するお問い合わせは、書名・発行日・該当ページを明記の上、下記のいずれかの方法にてお送りください。電話でのお問い合わせはお受けしておりません。
• ナツメ社 web サイトの問い合わせフォーム　https://www.natsume.co.jp/contact
• FAX（03-3291-1305）
• 郵送（下記、ナツメ出版企画株式会社宛て）
なお、回答までに日にちをいただく場合があります。正誤のお問い合わせ以外の書籍内容に関する解説・個別の相談は行っておりません。あらかじめご了承ください。

ナツメ社Webサイト
https://www.natsume.co.jp
書籍の最新情報（正誤情報を含む）は
ナツメ社Webサイトをご覧ください。

オールカラー
基礎から学べる
はじめての韓国語文法

2021 年11月5日　初版発行
2024 年 3 月 1 日　第 3 刷発行

著　者	金孝珍	©Kim Hyojin, 2021
発行者	田村正隆	

発行所　　株式会社ナツメ社
　　　　　東京都千代田区神田神保町 1-52　ナツメ社ビル 1F（〒 101-0051）
　　　　　電話　03（3291）1257（代表）　　FAX　03（3291）5761
　　　　　振替　00130-1-58661
制　作　　ナツメ出版企画株式会社
　　　　　東京都千代田区神田神保町 1-52　ナツメ社ビル 3F（〒 101-0051）
　　　　　電話　03（3295）3921（代表）
印刷所　　広研印刷株式会社

ISBN978-4-8163-7099-1　　　　　　　　　　　　　　　　　　　Printed in Japan
〈定価はカバーに表示してあります〉〈落丁・乱丁本はお取り替えします〉
※本書の一部または全部を著作権法で定められている範囲を超え、ナツメ出版企画株式会社に無断で複写、複製、転載、データファイル化することを禁じます。